CONNECTED DAD
UNCONNECTED DAD

コネ持ち父さん コネなし父さん

仕事で成果を出す人間関係の築き方

川下和彦
PRディレクター

Discover
ディスカヴァー

妬む暇があるなら、自力で「コネ」をつくればいい

知り合いが一流企業に入社した。大学の先輩が人事部にいるらしい。
⇩「ずるい！　コネ入社だ！」

予約のとれない人気店に、「親の行きつけだから」と友人が電話一本で席を取った。
⇩「ずるい！　親の七光りだ！」

コンペの案件を他社に持っていかれた。部長同士が古い友人らしい。
⇩「ずるい！　正々堂々と勝負しろ！」

みなさんもこんな体験をしたことがないでしょうか。

どれもこれも理不尽だと思われるかもしれません。

しかし、結果的に**コネを持っている人が有利な生活を送っている**ことは歴然とした事実です。

人は一人ひとり生まれる環境も違えば、育つ環境も違います。

そう考えると、そもそも人生は不平等なものなのです。

だからと言って、不条理にブツクサぼやき、コネのある人を妬んで批判したところで、自分にコネができて幸せになるわけではありません。

だったら、**「コネ=フェアじゃない」と決めつけずに自力でコネをつくってしまえばいい**のです。

もしコネができたら、

希望の仕事に就けるかもしれない。

人気店に行けるかもしれない。

他社とのプレゼンテーションに勝てるかもしれない。

そう思いませんか?

私は大富豪の家に生まれたわけでもなければ、社交界で育ったわけでもありません。

しかし、私は人生で幾度となく**「世の中コネ」**、さらには**「ビジネスにおける最強の武器はコネクションである」**と思い知らされ、積極的に自力で人とのコネクションをつくろうとするようになっていきました。

この本では、そんな私の実体験に基づいて考えた「仕事で成果を出す人間関係の築き方」を紹介します。

「先天的コネ」と「後天的コネ」

日本で「コネ」と言えば、「親のコネ」や「コネ入社」という表現に代表されるように、「縁故」という意味合いが強く、一様に「アンフェアな反則行為」のようにとらえられることが多いように思います。

しかし、本来「コネ」という言葉は英語の「コネクション（connection）」の略語であり、「縁故」だけではなく、もっと広く「関係、つながり」という意味があります。

実際に**米国をはじめとする諸外国では「コネも実力のうち」だと考えられ、むしろコネづくりが推奨される傾向にある**というのは有名な話です。

もし仮に「縁故」にアレルギーがあったとしても、人や組織との「関係、つながり」はあったほうがよいことは誰もが認めるところでしょう。

ですから、「コネ」すべてを完全に否定する必要はないと考えるのが本書の基本スタンスです。

コネには「先天的なコネ」と「後天的なコネ」があると私は思っています。

言わずもがな、前者は生まれ持ったコネで、後者は人生を送る過程で獲得していくコネです。

響きが似ているからというわけではないですが、仮に「コネ」を「カネ」に置き換えて考えてみてください。

たとえば、大富豪の家に生まれ育った人は「先天的なカネ」をたくさん持っているでしょう。しかし、それを羨ましがったところで、自分がおカネ持ちになれるわけではないことはみんながわかっています。そこで、たいていの人は「後天的なカネ」を得るために働きます。

それと同じように、**「先天的なコネ」がないからと憂いたところで自分のコネが増えることはないので、「後天的なコネ」を開拓すればよい**のです。

たとえ大金持ちの家に生まれても、「先天的なカネ」に頼っているだけでは、やがて親の財産を食いつぶしてしまいます。

コネも同じように、たとえ社交家の家に生まれても、「先天的なコネ」のフリーライダー（ただ乗りする人）になっているだけでは、やがて親の七光りは光力を失っていきます。

大切なのは、指をくわえてコネのある人のことを嫉妬しているだけでなく、お金と同じようにコネもつくることができるものだということにいち早く気づき、獲得に乗り出すことなのです。

地獄の沙汰も「コネ」次第

話は変わりますが、芥川龍之介の代表作『蜘蛛の糸』をご存知でしょうか。

『蜘蛛の糸』あらすじ

釈迦があるとき極楽の蓮池を通してはるか下の地獄をのぞき見た。すると、幾多の罪人たちの中にカンダタという男がいた。

カンダタは生前にさまざまな悪事を働いた泥棒であったが、一度だけ小さな蜘蛛を踏み殺すのを思いとどまり、命を助けるという善行を成した。

それを思い出した釈迦は、地獄の底のカンダタを極楽へ導いてやろうと、一本の蜘蛛の糸をカンダタめがけて下ろした。

カンダタはその蜘蛛の糸につかまって、極楽目指して昇りはじめた。

ところが、糸をつたって昇る途中、数限りない罪人たちが自分の下から続いてくるのに気づき、糸が切れてしまうことを恐れたカンダタは「下りろ、下りろ」とわめいた。

すると次の瞬間、蜘蛛の糸が切れ、カンダタは再び地獄に堕ちてしまった。


私はコネのことを考えるとき、いつも「釈迦が垂らした蜘蛛の糸をカンダタがつたって昇るシーン」をイメージします。

言うなれば、「蜘蛛の糸」は「極楽へとつながるコネクション」です。

物語のように「極楽」と「地獄」というほど極端に分けられるわけではありませんが、私は**現実の世界も「コネのある世界」と「コネのない世界」という二つの世界で考えることができる**と考えています。

一旦物語のオチは脇に置くとして、『蜘蛛の糸』の中の世界で「カンダタは極楽へのコネがあっていいな〜」と言っているだけでは極楽に行くことはできません。

まさに、**「地獄の沙汰も『コネ』次第」**です。

○「コネのある世界」と「コネのない世界」

途中で切れてしまったとはいえ、物語でカンダタが釈迦に気にかけてもらうことで蜘蛛の糸を垂らしてもらったように、現実でも努力してコネクションを得ることで極楽に昇ることができるのです。

コネはビジネスの「必須科目」

コネなんかいらない！

実力一本で勝負だ！

そう思われている方がいらっしゃるかもしれません。

私はそれを否定するつもりは毛頭ありませんし、実際に一切コネに頼らなくても生きていく方法はあると思います。

しかし、業種や職種にもよりますが、多くの場合、**ビジネスのステージが上がるにつれてコネの恩恵が増してくる**ものだと私は考えています。

たとえば、学生時代は「テスト」という共通のものさしで実力（学力）が評価されます。通常そこにコネが入る余地はありません。

私たちの多くは長年そうした純粋得点主義の環境で育ちます。

会社をはじめとする組織に入ってからも、最初はたいてい学生時代の延長線上で、会社から一定のものさしが与えられ、上司に指示されたことをどれだけ忠実に実行できるかが評価されます。

組織の外に出なくても言われた仕事を遂行していれば評価してもらえるステージでは、コネをつくったり使ったりする必要に迫られることはないでしょう。

ところが、人から与えられたことをやるステージを卒業し、自分が仕事を取ってきたりつくったりするステージに上がるにつれ、コネの重要性がひしひしと身にしみてわかってくるのではないでしょうか。

コネがあれば、未経験の仕事に踏み出すときに知恵を貸してくれるかもしれません。

コネがあれば、一人ではできない大きな仕事にチャレンジするときに力を貸してくれるかもしれません。

私の周りのビジネスで成功している人たちは、みなさん口をそろえてこう言い切ります。

「仕事ができるかどうかは、コネがあるかどうかです」

このように、仕事で成果を出そうとするなら、コネは最強の武器であり「必須科目」だと言っても過言ではないのです。

「コネなし」だった私

お礼を申し上げるのが遅くなりました。
本書を手に取ってくださり、ありがとうございます。
本書の著者でＰＲディレクターの川下和彦です。

私は仲間からよく**「おコネ持ち」**と呼ばれます。
どうせそう呼ばれるなら、私が「コネなし」から「コネ持ち」になる過程で学んできた哲学を一冊の本に凝縮してみなさんに提供したいと考えました。

そんな私は現在ＰＲの仕事に携わる傍ら、日々コネクションのつくり方やその維持の仕方について研究しています。ＰＲの主な業務は、企業をはじめとするお客様の製品・サービスの魅力を多くの方に知っていただくことです。ですから、大前提として情報発信力があるメディア（ウェブ、テレビ、ラジオ、新聞、雑誌など）の方々と良好な関係を築いていることが求められます。

考えてみれば、本来PRとは「パブリック・リレーションズ（Public Relations）」の略語であり、直訳すれば「おおやけとの関係」になります。つまり、PRは人間関係をつくる仕事そのものだと言っても過言ではないのです。

私がPRの仕事をするようになってからおよそ一五年が経ちますが、日々よりよい人間関係を築こうとする過程であれこれ試しては失敗しながらコネクションのつくり方を学んできました。

しかし、最初から私に潤沢なコネクションがあったわけではありません。ほぼ**コネゼロからのスタート**でした。

私がコネクションに興味を持つようになったルーツをたどると、今から二〇年以上前に行き着きます。

何かに取り憑かれたように生き急いでいた高校時代の私は、当時まだ「コネクション」という言葉では意識していませんでしたが、「人脈は身をたすく」と固く信じ、広大な卒業生のネットワークを持つことで有名な大学への進学を志しました。

しかし、一度目の受験はあえなく失敗。諦め切れずにチャレンジした二度目でようやく志望校の門をくぐることを許されました。

「さあ、東京で人脈をつくるぞ！」と意気込み、兵庫の田園エリアから上京したのを今でも鮮明に覚えています。

大学一年から二年にかけては毎日先輩との飲み会に明け暮れていましたが、三年になると当時ゼミの指導教官が実業家であったことから、恩師のもとでビジネスの見習いを始め、修士課程を終えるまでの四年間、前のめりに社会人の方と接触する日々を送りました。

その後も人脈拡大志向を膨張させ、就職に際しても社内外で多種多様な人と関わることができそうな総合広告会社に入ることにしました。

入社後最初の二年間は、マーケティング部門でデスクワーク中心の生活を送りましたが、より多くの人たちと交流したいと願い、三年目にメディアや有識者をはじめとする社外の方々と接する機会が多いＰＲ部門への異動を希望しました。

それ以降、公私を問わず人脈形成に熱を上げ続けました。鼻の穴と人脈欲をマックスに膨らませて、積極的にパーティーに参加しては手裏剣のようにシュッシュッと大量の名刺を配り歩く日々を送り、気がつけば私は数千枚に及ぶ膨大な数の名刺を手にしていました。

しかし、三〇代半ばを過ぎたあるとき、ダンボール箱から溢れ出しそうになる名刺の山を見て気づいてしまったのです。

いざというとき、この名刺のうち何人の人が本気で自分のために力を貸してくれるのだろうか……？

その気づき以来、私はコネクションに対する考え方と行動を根本から見直すことにしたのです。

すると、これまでの苦労がウソのように、みるみる志を同じくできる人とのコネクションに恵まれはじめ、気がつけば自分にとってははるか上の憧れの存在だと思っていた人たちを紹介されるようになっていきました。

さらに、新たな出会いは新たなチャンスにもつながるものです。人からいただいたご縁を大切にしているうちに、このような書籍や連載の原稿を書かせてもらえるようになり、それらがきっかけで、取材、講演、講師などの依頼も受けるようになりました。

ただ、私はこのことに気づくまでに十数年間、たくさんの時間とお金と労力を費やしてしまいました。後悔したところで時計の針を巻き戻すことができないなら、せめてこの先だけでも人生を軌道修正したいと思い、豊かなコネクションを築く方法を整理し、体系化しました。

本書のタイトルにもなっていますが、本篇では「おコネ持ち」になるためのよいお手本とよくないお手本として、**「コネ持ち父さん」**と**「コネなし父さん」**が登場します。

コネ持ち父さんは、もし過去の私が出会っていたら、現在のコネクションを築き上げるまでにこんなに苦労することはなかったと思うようなコネクションづくりのプロであり、私たちをおコネ持ちへと導いてくれる存在です。

一方で、コネなし父さんは、過去の私がしていたのと同じようなNGアクションを繰り返してしまっている反面教師です。

また、コネ持ち父さんとコネなし父さん、それぞれの考えや行動を紹介しながら、より具体的なイメージを思い浮かべていただけるように、私自身が実際に体験してきたこともなるべくたくさん盛り込むようにこころがけました。

本書は「教えの書」「準備の書」「実践の書」という三本柱で支えており、「実践の書」を三つの章に分けているので、合計五つの章で構成しています。

最初の**「教えの書」**では、コネ持ち父さんが行動規範にしている七訓（七つの教え）について解説します。

次に、**「準備の書」**として「おコネ持ち」になるための心構えについて説きます。

最後に、**「実践の書」**では「おカネ持ち」になる方法になぞらえながら、三つのステップ（各ステップ一章ずつ）で「おコネ持ち」になる方法を紹介していきます。

みなさんも試行錯誤を繰り返せば、いつか私と同じ結論にたどり着けるかもしれません。しかし、それでは十年以上かかってしまいます。この本を読めば、回り道をせずに**最短であなたにとって理想的な人間関係が築ける**はずです。

この本で私が目指したのは、あなたにとって本当に意味のあるコネクションを築くためのガイドとなることです。これにみなさんなりの経験や工夫を加えていただければ、きっと今よりも幸せな人生を手に入れていただくことができると信じています。

手当たり次第人脈をつくろうとするのをやめ、自分なりのコネクション理論を築き、それを実践することで私の身に起きはじめた幸運な出来事を独り占めするつもりはありません。私の体験を踏み台にして、みなさんにもっとハッピーになっていただけることを心から願っています。

コネ持ち父さん
コネなし父さん

もくじ

CONTENTS

― 教えの書 ―
コネ持ち父さんの七訓

準備の書

コネづくりの心構え

—実践の書— ステップ1

ストロー・コネクションをつかむ

ー実践の書ー　ステップ2

惜しみなくコネを提供する

おコネ持ちスパイラルを起こす
―実践の書― ステップ3

— 教えの書 —

コネ持ち父さんの七訓

{ CONNECTED DAD, UNCONNECTED DAD }

SEVEN LESSONS

FROM A CONNECTED DAD

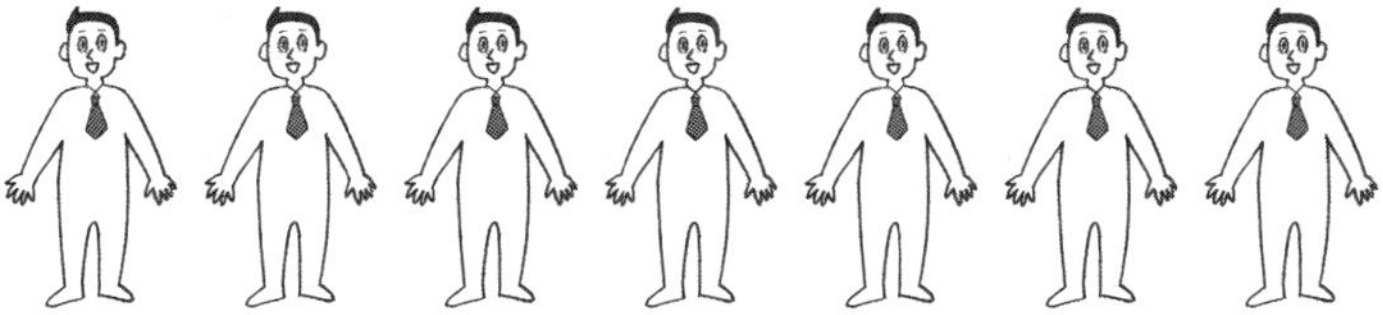

其の一

「おコネ持ち」になりたければ、「おカネ持ち」に学ぶべし

昔話の中で「貧しかった男がお金持ちになっていった物語」があります。「わらしべ長者」です。

たいへん有名なお話ですが、ご存知でない方やうろ覚えの方もいらっしゃるかもしれませんので、「まんが日本昔ばなしデータベース」からあらすじを引用させていただきたいと思います。

『わらしべ長者』あらすじ

何をやっても上手くいかない貧しい男が、運を授けて欲しいと観音さまに願掛けをする。すると観音さまが現れ、お堂を出た時に初めて手にした物を大切にし

て西へ行くようにと言われる。

男はお堂を出たとたん転んで一本の藁を手にする。それを持って西へ歩いていくとアブが飛んできたので、藁でしばって歩き続けた。泣きじゃくる赤ん坊がいたので、藁につけたアブをあげた。すると母親がお礼にと蜜柑をくれた。

木の下で休んで蜜柑を食べようとすると、お金持ちのお嬢様が水を欲しがって苦しんでいた。そこで蜜柑を渡すと、代わりに上等な絹の反物をくれた。男は上機嫌に歩いていると倒れた馬と荷物を取り替えようと言われ、死にかけの馬を強引に引き取らされてしまった。やさしい男は懸命に馬を介抱し、その甲斐あって馬は元気になった。

馬を連れて城下町まで行くと、馬を気に入った長者が千両で買うと言う。余りの金額に驚いて失神した男を、長者の娘が介抱するが、それは以前蜜柑をあげた娘だった。長者は男に娘を嫁に貰ってくれと言い、男は藁一本から近在近郷に知らぬ者のない大長者になった。

（出典：まんが日本昔ばなし～データベース～）

なぜ私がこの物語を紹介したのか？

それは、ズバリ！「おコネ持ち」になるためのヒントが、「おカネ持ち」になった男の物語に隠されているからです。

男は次の三段階のステップで「大ガネ持ち」になっていきました。

ステップ1：藁をつかむ
ステップ2：惜しみなく藁につけたアブを提供する
ステップ3：ブツブツ交換を繰り返し、おカネ持ちスパイラルを起こす

これを「おコネ持ち」になる物語に置き換えてみましょう。

まずステップ1です。最初は「わらしべ長者」の主人公の男が一文なしだったように、まったくの「コネなし」かもしれません。

しかし、男は観音様のお告げに従って西へと向かう途中に転ぶことで藁をつかみます。

それに倣えば、たとえ**藁のように細くても、兎にも角にもきっかけとなるコネクションをつかむ**ことが大切なのです。

次にステップ2です。このとき男が素晴らしかったのは、得たものをすぐ自分の利益にしようとしなかったことです。まず男は泣きじゃくる赤ん坊を喜ばせるために藁につけたアブをあげました。

男が藁につけたアブを提供しなければ、赤ん坊の母親から蜜柑をもらうことがなかったように、コネクションも自分のためだけに使っていたら、それ以上のものに化けることはありません。

コネクションを得ることができたなら、**自分だけのものにするのではなく、人のために役立てる**ことを考えてみましょう。自分が持っているコネクションを惜しみなく人のために提供すれば、結果的に予想もしていなかったコネクションになって返ってくるものです。

そしてステップ3です。男は利他的な「ブツブツ交換」を繰り返すことでおカネ持ちのスパイラルを起こし、「大ガネ持ち」になっていきました。

それと同じように、**「コネコネ交換」を繰り返しているうちに、おコネ持ちのスパイラルが生まれ、いつしか「大ゴネ持ち」になる**ことができるのです。

最後に「おカネ持ち」に倣い、「おコネ持ち」になる三つのステップをまとめておきます。

◯「おコネ持ち」になる三つのステップ

ステップ1：ストロー・コネクション（藁のようなコネ）をつかむ
ステップ2：惜しみなくコネを提供する
ステップ3：おコネ持ちスパイラルを起こす

◎ ブツブツ交換で大金持ちになった「わらしべ長者」

其の二

つながること自体を目的にせず つながる「目的」を持つべし

コネなし父さんもコネの重要性を理解し、「コネクションをつくりたい」と思っています。しかし、**コネなし父さんは、「人とつながること」自体を目的にしてしまいます。**

この結果、**「必死にコネクションをつくろうとすればするほど本当のコネクションを得ることができないジレンマ」**に陥っていくのです。

もう少し噛み砕いて申し上げましょう。

つながる目的を見失ってコネクションづくり自体を目的にしてしまうと、一見多方面に広いネットワークを築くことができているように見えるかもしれません。

しかし、それではキラキラの名刺を集めて、いざというときには相手が力を貸してくれないハリボテのコネクションを愛でているようなものです。それればかりか、見せかけだけの華々しいコネクションを周りに自慢しているだけだと、周りから見透かされ、そのせいでまたたく間に人望を失ってしまうことにもなりかねません。

一方、**コネ持ち父さんは、「目的」を持って人とつながります**。

冷静に考えれば、そもそも何か別の目的を達成したいと思うからこそ、コネクションが必要になるのではないでしょうか。

たとえば、本書を出版していただいているディスカヴァー・トゥエンティワンの編集者である千葉さんに聞いてみたところ、コネクションを求める目的は「仕事上のライバルと切磋琢磨するため」だとおっしゃられていました。

私がコネクションを求める目的は千葉さんとは異なり、「自分一人では歯が立たない課題を解決するため」です。

そう考えると、千葉さんにとって必要なコネクションは「同業の編集者」であり、私の場合は「自分にはない能力を持った人」ということになります。

このように、**人によって個々に異なる目的を持ち、それを実現することが**

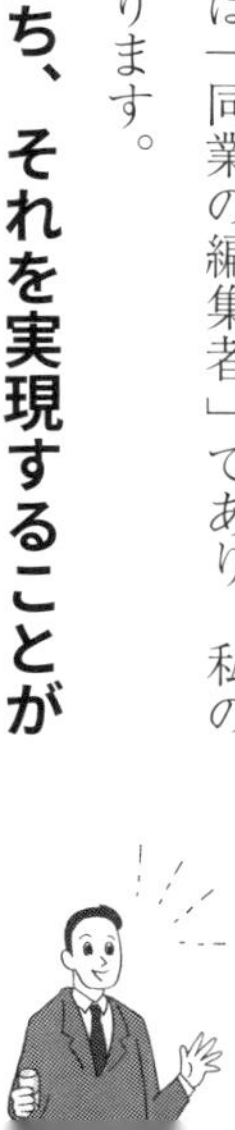

できる人との関係を大切に育んだ結果、後からおのずとついてくるものがコネクションなのではないでしょうか。

ですから、コネクションを得るための第一歩は、広くあまねく手当たり次第につながりをつくろうとすることではなく、**「何のために、誰と関係を築きたいか」**という指針を明確にすることなのです。

其の三

おコネ持ちのつながり方を知るべし

みなさんは「コネクション」と「ネットワーク」の違いがわかりますか？

一つひとつの人とのつながりが「コネクション」であり、それが複数つながったものが「ネットワーク」であると私は考えています。

また、「ネットワーク」は日本語で「人脈」と訳すことができます。

「人脈」とはよく言ったもので、人のつながりが「脈」のようなかたちをしていることをうまく言い表しています。

ところが、実はこのことをしっかり理解している人が少ないように思います。

コネ持ち父さんとコネなし父さんのネットワークの構造を示す図（41ページ）をご覧ください。

コネなし父さんのネットワークが「放射状」になっているのに対し、コネ持ち父さんのネットワークは「脈状」になっていますよね。

これはつまり、コネなし父さんはネットワークを**「一対多」**の構造でとらえているのに対し、コネ持ち父さんはネットワークを**「一対一対多」**の構造でとらえているということです。

実はこれがコネ持ちになれるかなれないかの分かれ道なのです。

コネなし父さんは精力的にあちこちの会に参加して名刺を配り歩きますが、いざと言うときに力を貸してくれるコネクションに恵まれません。

ところが、コネ持ち父さんは毎日飲み会に行くわけでもなく、家に帰って家族との時間を大切にしています。それなのに、コネ持ち父さんがいざお願いすればすぐに仲間が駆けつけて力を貸してくれます。

明らかに、コネなし父さんのほうがコネクションづくりの努力をしているように見えるのに、一体なぜこのような差が生まれるのでしょうか。

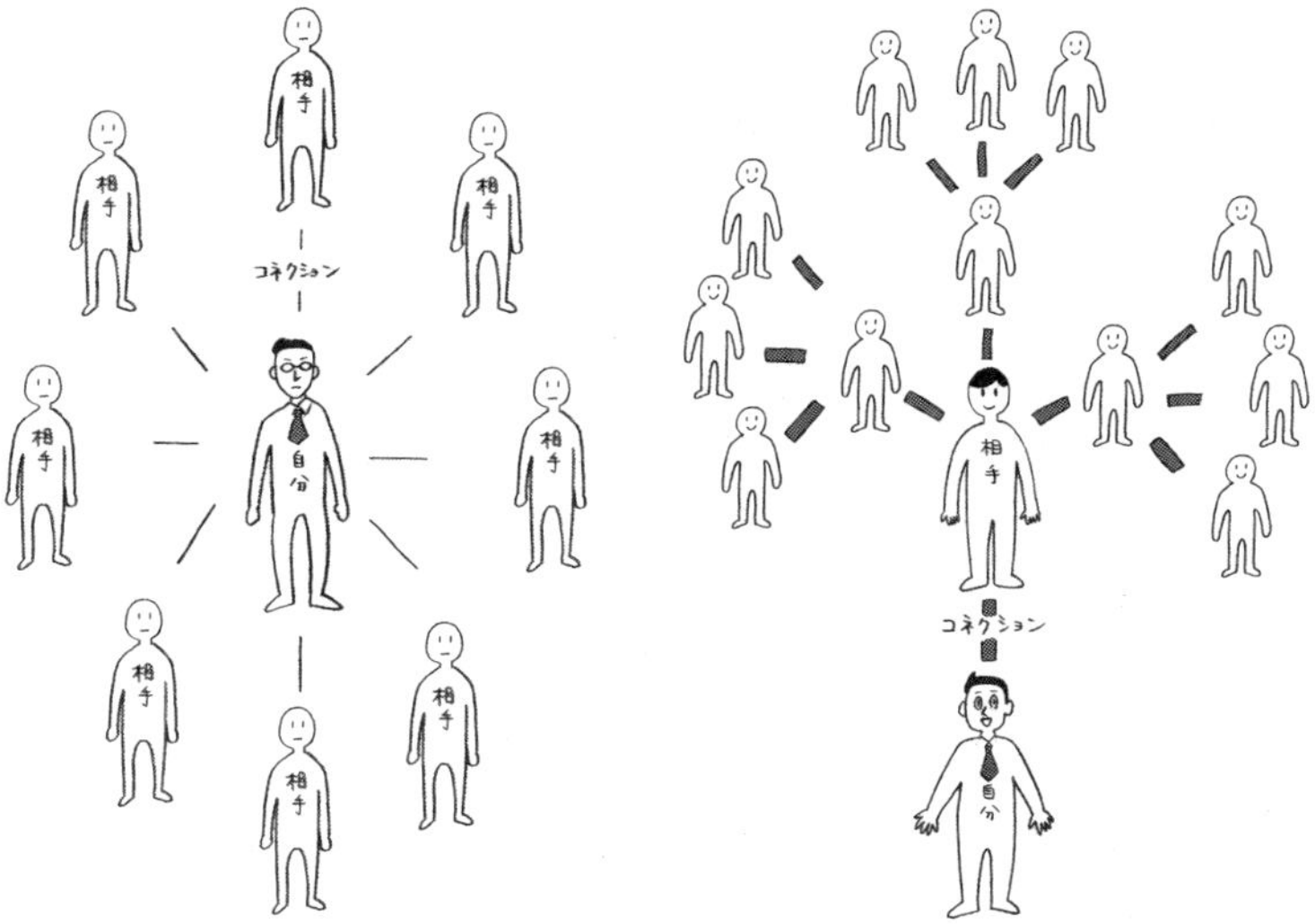

○「一対一対多」でつながるコネ持ち父さん（右）
「一対多」でつながるコネなし父さん

世間一般には〝幅広い〟コネクションを持っていることがよしとされているように思いますが、私はまったくその必要はないと考えています。

もちろんコネクションをつくるときに必要な時間・お金・労力が無尽蔵にあるなら話は別です。しかし、個人差こそあれ、そうした〝資産〟が有限であることを忘れてはいけません。

仮に、時間・お金・労力を数値化して、一人がそれぞれ五〇〇ポイント、全部合わせて一五〇〇ポイントを持っているとしましょう。

そして、一五〇〇枚の名刺を配るのと同じように一五〇〇人に均等に資産をバラまけば、一人あたり一ポイントずつしか投資することができません。

二〇一〇年に、オックスフォード大学の認知・進化人類学研究所所長で、進化人類学教授のロビン・ダンバーは、『友達の数は何人？　ダンバー数とつながりの進化心理学』（インターシフト）の中で**「友達やうまくいく集団の人数は一五〇人まで」**だと説きました。

私は仕事柄おつきあいが多い方で、数千枚の名刺を持ち、千人を超えるフェイスブックの友達がいますが、本当に自分が困ったときに手を差し伸べてくれるのは、ダンバーが言うように、実質一五〇人以下だという実感があります。通常は二〇～三〇人もいれば、十分心強いネットワークになるはずです。

そして、ダンバーの言う通り、友達やうまくいく集団の人数の限界が一五〇人までだとすると、一五〇〇人のうち残りの「つきあいが浅くならざるを得ない一三五〇人」とのコネクションは、あっという間に風化していってしまうでしょう。

一方、一五〇人にしぼって一五〇〇ポイントを投資するとしたらどうなるでしょうか。平均的に割り振ったとして、一人に一〇ポイントずつ使うことができます。そうすると、一三五〇人の幽霊コネクションを生み出すこともなく、一五〇〇人にそれぞれ一ポイントずつ費やした場合よりも十倍濃い関係を築くことができるのです。

其の四

「広く浅く」より「狭く深く」「一対一」のパイプを太くすべし

コネなし父さんは「広く」つきあおうとして、一対多の関係を「浅く」してしまいます。それに対し、コネ持ち父さんはつきあいをあえて「狭く」することによって、一対一の関係を「深く」します。

その結果、向き合っている相手とのコネクションが太くなります。

そして、個々のコネクションが太くなると、ある変化が起きはじめます。

たとえ深くつきあうことができる人が一五〇人前後だとしても、その先にいる仲間たちは、「本好き」や「ランニング好き」のように同じ目的で固く結ばれている可能性が高いのです。そうなると、あなたが同じ目的で一人の窓口とつながれば、その先にいる仲間たちもあなたをサポートしてくれるメンバーになり得るわけです。これが、コネ持ち父さんのつながり方の「一対一対多」の「多」の部分です。

もっと簡単に言ってしまうと、**一つの方向のコネクションの先に、志を同じくする人がたくさんコネクト（接続）している**ということです。

このように考えると、「一対一」の関係をとことん大切にして、「広く浅く」より「狭く深く」関係を築いたほうが、結果的に自分がつながりたい目的に沿って多くの仲間が応援してくれるようになることがご理解いただけるでしょう。

人や組織との間に強力なコネクションがあることを「太いパイプがある」と言いますが、「コネクション（connection）」の日本語訳には「パイプ（管）」という意味もあります。

四方八方に浅く掘ってどの水路も開通しないよりも、一つの水路をしっかりと開通させ、太いパイプを通すことができれば、同じ水脈につながった水が勢いよく自分のところまで流れ込んでくるようになります。

それと同じように**相手の心までパイプを開通すれば、同じ目的やテーマで固く結ばれた仲間を紹介してもらえる**ようになるのです。

もしかすると、選択と集中をすることによって特定のメンバーとのつきあいに染まり、

視野が狭くなるのではと指摘される方がいらっしゃるかもしれません。

しかし、ご心配には及びません。私は一人に対してすべての資産を投資しましょうと申し上げているわけではないのです。

一五〇人の仲間をつくろうとすれば、十分バラエティに富んだ世界が広がるのではないでしょうか。

○ 太いパイプでつながるコネ持ち父さん（上）
細いパイプでしかつながれないコネなし父さん

其の五

「利他の精神」で人の役に立つコネクションをつくるべし

コネなし父さんは、**自分の役に立つコネクション**をつくろうとします。その反対にコネ持ち父さんは、**人の役に立つコネクション**をつくろうとします。

つまり、コネなし父さんが**「テイカー」**であるのに対して、コネ持ち父さんは**「ギバー」**だと言うことができるでしょう。

「テイカー（taker）」とは「テイク（take）する人」のことであり、「もらう人」です。

一方、「ギバー（giver）」とは「ギブ（give）する人」のことであり、「与える人」です。

もしあなたの仲間にサポートが必要なときがあったら、自分が持っている知識・技術・ネットワークを惜しみなくギブして、利他の精神で相手に貢献しましょう。

私はＰＲの仕事に携わっていると申し上げましたが、自分が担当しているクライアント

（仕事の依頼主）やその製品・サービスの魅力をより多くの方に知ってもらいたい、広く紹介してもらいたいと思い、記事や番組を制作しているメディア関係者にたくさん会ってきました。

しかし、私がお目にかかったメディアの方全員が全員と言っていいほど、ＰＲのことを一切「ＰＲ」と言わずに「売り込み」とおっしゃることに、あるとき気づいたのです。

そのとき、メディアの方が私のことを「ＰＲのための時間が欲しいと毎日ガンガン電話やメールで連絡してきて、会えば記事や報道にしてもらおうとせがんでくる売り込み屋」だと思っていたのだと自覚して大きなショックを受けました。

これではまずいと感じた私は、相手にお願いをするのではなく、相手に貢献する方法を考えることにしたのです。

それ以降はメディアの方に対して「この製品を取り扱ってクレ」「このサービスを扱ってクレ」と相手にしてもらうことだけを期待する「クレクレ星人」になるのではなく、逆に相手がどのような記事や番組をつくりたいかを聞き出し、その役に立てることをしようと行動を改めました。

別の言い方をすれば、私は「テイカー」になっていたのを「ギバー」になろうと、自分

のあり方を一八〇度転換したわけです。

すると、変化は歴然でした。私から相手が欲しがっている情報を届けるので、それらをメディアに取り上げてもらえる確率が飛躍的にアップしただけでなく、むしろ逆に相手ののほうから「最近、何かおもしろいネタはない？」「おもしろい人がいたらぜひ紹介して！」という連絡をいただけるようになっていきました。

こうした出来事からも、**「一対一」のパイプを太くするのは、テイカーになって利己的に行動するのではなく、ギバーになって利他的に行動すること**だとご理解いただけるのではないでしょうか。

其の六

「第三者信頼」を獲得すべし

コネなし父さんは「一対多」の構造で、〝直接的〟に「多」とつきあうのに対し、コネ持ち父さんは「一対一対多」の構造で、〝間接的〟に「多」とつきあいます。

直接的に多勢と接するか間接的に多勢と接するか、言い換えれば、**「一（自分）」と「多（仲間）」の間に信頼という絆で結ばれた一人のコネクションに介在してもらえるかどうか**で、個人が授かる恩恵に大きな差が生まれます。

たとえば、みなさんはパーティーで名刺交換をしただけでまだお互いよく知らない人からあれこれお願いされたことはないでしょうか。

漠然と人脈をつくろうとしてせっせと名刺を配り歩いていた頃の私は、名刺交換した方から後日売り込みや人の紹介依頼を受けることがありました。

短い時間でも意気投合すればお役に立ちたいと思いますが、後で名刺を見返してお顔も思い出せない方からお願いの連絡をいただくことが多々あったのも事実です。

このような出来事をさきほどのパイプのたとえ話に置き換えれば、**まだ信頼関係を築くことができていない人からの相談や依頼を受けるのは、自ら「泥水」を招き入れているようなもの**です。

コネなし父さんは、かつて私がやっていたように深い考えもないまま見知らぬ人たちに名刺をバラまいて、中途半端にたくさんの人間関係を浅く開通させてしまいます。

その結果、招かれざる相談や依頼を導き入れてしまい、貴重な時間とお金と労力を使って面倒なことに対応しなければならなくなります。

それでは大切な資産を使って自ら厄介を導き、それに対応するためにさらに追加で資産を無駄遣いしているようなものです。

しかし、コネ持ち父さんはつきあいをしぼって一対一で信頼関係を築きます。

コネ持ち父さんのことをよく理解している人は、コネ持ち父さんに**泥水を流し込む**

前に「これは直接つないではいけない」と判断し、「逆止弁（逆流を防止するように働く弁）」になってくれるでしょう。

それどころか、コネ持ち父さんと信頼関係を築いた相手は、自分の先につながっている仲間とコネ持ち父さんをつなげる際、双方の保証人になってコネ持ち父さんが信頼できる人物であることに太鼓判を押してくれるでしょう。

面識がない人と初めて会うとき、共通の知人に間に入ってお互いを紹介してもらえれば、ゼロから一人で関係を築くよりもはるかに早く深く相手と親しくなることができるので、これほどありがたいことはありません。

このように、**しっかり一対一の信頼関係を築いていれば、相手は「第三者」として望んでいることを通してくれ、望んでいないことを止めてくれる「信頼弁」になってくれる**のです。

其の七

見返りを求めるべからず「結果」は後からついてくる

二〇一三年の秋、ＴＢＳ系で放送された連続テレビドラマ「半沢直樹」は社会現象になり、ビデオリサーチが発表した関東地区の視聴率は四二・二％という記録的な数字を叩き出しました。

ご存知の通り、「半沢直樹」は銀行を舞台にした池井戸潤さんの小説が原作の金融ドラマで、大手銀行員である半沢直樹が理不尽な要求や不正を働く上司を次々に成敗していくというスカッとする内容でした。

ドラマの中で主人公が使っていた「やられたらやり返す。倍返しだ！」という決め台詞が話題となり、その年の流行語になりました。

このテレビドラマは「復讐劇」でしたが、人間はその逆の精神も持っている生き物だと私は思っています。

つまり、**人間は「やられたこと」だけではなく、「してもらったこと」に関しても倍返ししたいと思う生き物**だということです。

ただし、一つだけ守りたいルールがあります。

それは、**ギブする側が相手に対して「見返り」を求めない**ということです。

なぜなら、相手にギブの貸し借りを意識させてしまい、「いつか返さなければならない」という「義務のギブ」を求めることになるからです。

そうなると、相手に一〇のギブをしたとしても、返ってくるのはしぶしぶのギブなのでせいぜい一〇に対して七か八がいいところではないでしょうか。

ここで、コネなし父さんは打算的に見返りを計算してしまいます。

一方コネ持ち父さんは、人として相手のことを好きになり、見返りがあろうがなかろうが、純粋に喜んでもらいたいという思いから生まれるギブに徹することにより、相手から「自分がしてもらったこと以上のことをしたい」と思う「無欲のギブ」を享受します。

すると、一〇のギブが一二にも二〇にも、ときにはそれ以上にもなってコネ持ち父さん

のところに返ってくるのです。

ここまでは、コネ持ち父さんになるための「七つの教え」を紹介してきました。

ここから先は、コネ持ち父さんの教えに沿い、コネクションづくりの準備と実践の方法を具体的に解説していきます。

	コネなし父さんの考え方	コネ持ち父さんの考え方
コネクションに対するとらえ方	目的 何かに役立てるための目的そのもの	結果 一対一の関係を大切にした結果得られるもの
ネットワークの構造	一対多	一対一対多
個々の関係のパイプの太さ	細い	太い
「多」との関係性	直接的 相談や依頼が直接くる	間接的 相談や依頼に信頼フィルタがかかる
ネットワークの有効性	名刺交換しただけでハリボテのネットワーク	信頼関係にもとづく活きたネットワーク

コネなし父さんの考え方
コネ持ち父さんの考え方

―― 準備の書 ――

コネづくりの心構え

{ CONNECTED DAD, UNCONNECTED DAD }

MENTAL ATTITUDE WHEN MAKING A CONNECTION

「コネ」の時代

予言します！

仕事で成果を出そうとすると、これからは**コネを避けて通ることができない時代**になるでしょう。

予言を信じるも信じないもみなさん次第です。
コネを受けつけるも受けつけないもみなさん次第です。
しかし、今後はコネクションを武器にできるかできないかでビジネスの成果に雲泥の差が生まれるようになると私は確信しています。

私がこのように申し上げる時代的な背景について少しご紹介します。

ご存知の通り、戦後の日本は、焼け野原でモノやサービスが不足していました。それに、一九九〇年まで人口は増加の一途をたどっていました。

つまり、モノやサービスに対する需要が供給を大きく上回り、企業にとっては「つくれば売れる入れ食い環境」だったわけです。そのような状況にあって、多くの企業で大量生産・大量販売のシステムが構築されていきました。

この時代の仕事をりんごにたとえると、一人ではさばききれないくらい大量のりんごが坂道（＝右肩上がりの経済）をゴロゴロと転がり落ちてくる。それを拾う人、皮をむく人、切る人、お皿に盛る人、配膳する人に分かれて個人が任務を遂行していたようなものです。

このような時代には効率が重視され、コネがあるかないかより、それぞれの持ち場で会社や上司に言われたことを忠実に再現することができる人材が重宝されていました。

ところが、モノやサービスが飽和してしまうと、当然のことながらつくっても売れなくなります。バブル崩壊以降、待っていれば自分のところに切り分けられた仕事がもらえる時代ではなくなったのです。

りんごが転がってこないなら、自ら取りにいくかつくるしかありません。そうなると、**未知の領域に踏み出すときや一人では成し得ない仕事に取り組むとき、知恵や力を貸してくれるコネクションが不可欠**になります。

予言と申し上げましたが、もうすでにこのような時代に突入しており、実力はもちろん、コネクションがあるかないかは、ビジネスパーソンにとって死活問題になりはじめているのです。

でも、自分はコネクションをつくるのが得意ではないと思われる方がいらっしゃるかもしれません。

心配しなくても大丈夫です。私も幼い頃から人付き合いが得意だったわけではありません。初めての人と会うときは、人一倍緊張する人間でした。もちろん、場数を踏むことで多少はマシになりましたが、持って生まれた性格なのでいまだに初めて会う人の前では体が固くなり、よくわからないことを話してしまうこともあります。

それでも勇気を出して新しいコネクションをつくることができれば、これまでやったことがなかったことや自分一人ではできなかったことができるという大きな喜びが得られることを学んできました。

職場で同じメンツとつるんで、愚痴をこぼしたり、管を巻いたり、傷を舐め合ったり、無意識に発展性のないことに時間を使ってしまうのは、人生の貴重な時間の無駄遣いです。

「コンフォートゾーン（心地よい場所）」に留まっているのは楽ですが、それでは一向に新しい出会いは生まれません。

「わらしべ長者」の男は家の外に出ることで、後におカネ持ちへとつながっていく藁をつかみました。それと同じように、おコネ持ちになるには、**家や職場から出て自ら新しいコネクションをつかむ**ことが重要なのです。

直接たくさんの人とつながらなくていい

コネクションが大切となると、直接たくさんの人に会ってたくさんの人とつながらなければならないと思われるかもしれません。

ですが、はっきり申し上げましょう！　まったくその必要はありません。

「コネ持ち父さんの教え」の一つでもある重要なポイントですが、つながりをつくる際は、ぜひ「広く浅く」ではなく、「狭く深く」を意識してみてください。

本当に信頼できる人は、二〇〜三〇人もいれば十分です。

「おコネ持ちになることを推奨する本が、つながるのは二〇〜三〇人でいいと言うの？」

随分控えめだなと感じられた方もいらっしゃるでしょう。

しかし、コネ持ち父さんが持っているネットワークの構造（41ページ）を思い出してください。直接つながっているのが少数でも、その先にまた複数の仲間がつながっています。
あなたに助けが必要なとき、固い絆で結ばれた人たちはあなたのために惜しみなく力を貸してくれるでしょう。それでも補いきれなければ、あなたと直接つながっている人は、その先にいる仲間たちの協力を求めるはずです。それでも足りなければ、仲間の仲間は、またその先の人たちの応援を要請するでしょう。

このように、**狭く深くコネクションをつくろうとすることで奥行きのあるネットワークが形成され、その結果多くのコネクションができる**のです。

反対に、コネなし父さんのネットワーク構造をイメージしてください。数百人、数千人と直接つながろうとして四方八方と浅くつきあい、かえって奥行きのないネットワークを形成してしまいます。すると、一生懸命コネクションをつくろうとしているはずなのに、結果的にコネクションがないという状況に陥ってしまうのです。

ネットワークはまさに芋づるのようなものです。芋の「つる」が細くて弱いと、少し力を入れて引っ張っただけでプツンと切れてしまいますよね。しかし、太くてしっかりしているつるは、引っ張れば次々に芋を連れて土の中から出てくるのです。

一〇〇人の「フォロワー」より一人の「戦友」

コネなし父さんは、ツイッターのフォロワーやフェイスブックの友達を増やすのに大忙しです。

しかし、文化人やタレントのような著名人でない限り、ネットワークを拡大したいからと言ってフォロワー数を増やす必要はないというのがコネ持ち父さんの考えです。

確かに著名人は自分が創作したり出演したり携わったりしたコンテンツ（文章、絵画、音楽、映像、イベントなど）に触れてもらう（買ってもらったり見に来てもらったりする）ことでビジネスが成り立ちます。ですから、一生懸命ファンとしてのフォロワーを増やすことも大切な仕事の一部です。

しかし、たいていの人にとっては、面識もないのに表面的につながっているフォロワーは、長年引き出しの中に眠っていて顔も思い出せない人の名刺と大差ありません。あなたに対してくれるのは、せいぜい「いいね！」ボタンを押してくれることぐらいでしょう。

コネ持ち父さんが大切にしているのは、会ったこともない「フォロワー」や「友達」ではなく、いざというときに**「力があって、その力を貸してくれる真の仲間」**です。

あなたには、もしものとき駆けつけてくれる仲間が何人いますか？

逆にその仲間に何かあったときあなたは駆けつけることができますか？

お互いの存在を認め合い、貢献し合えるのが本当の仲間だと思います。

私には何千人も何万人もフォロワーがいるわけではありませんし、その数を増やす気もありません。

しかし、少なくとも一〇〇人前後は何かあったら手を差し伸べてくれる仲間がいますし、私もその仲間が困っているとなれば飛んでいく心積もりがあります。

フォロワーを増やすのは楽なことではないと思います。継続的に情報発信したり、ネタ

切れを起こさないようにコンテンツづくりに投資したりすることで多大な時間・お金・労力を割くことになります。

それだけの投資をするなら、その分を目の前の仲間との生きた関係づくりに投資してみてはいかがでしょうか。

大切なのは**一〇〇人の「フォロワー」より一人の「戦友」**なのです。

選択と集中で たっぷり時間ができる

コネなし父さんの口癖は「忙しい、忙しい」です。

コネなし父さんは毎日イベントやパーティーに参加しては名刺交換するのに余念がないので、日々バタバタしていてプライベートの時間もままなりません。

一方、コネ持ち父さんは人間関係を大切にしながらも、つきあいに翻弄されることなく、プライベートの時間も充実させています。

それにもかかわらず、蓋を開けてみれば、なぜか一肌脱いでくれる人の数では圧倒的にコネ持ち父さんに軍配が上がります。

「安物買いの銭失い」という言葉がありますが、コネに関しても同じことが言えます。

あちこちにコネクションをつくろうとして資産をバラまいても、なかなか太いパイプを

築くことはできません。

しかし、資産を投資する先を選択し、集中させれば太いパイプをつくることができます。

そして、その先の人とのつながりを引き込むことができるのです。

こうしたことから、**時間・お金・労力という資産とコネクション数は必ずしも比例するものではない**ということがご理解いただけるのではないでしょうか。

重要なのは、よく考えて大切な資産を使うことです。


あるとき実業家の佐々木かをりさんが日本人のノーベル賞受賞で沸く各メディアの報道に対してご自身のフェイスブックにこうつづられていました。

ノーベル賞受賞の男性たちの特集で、全て「内助の功」が注目されています。
家庭のことを一切せず研究に打ち込ませてくれた妻に感謝、と。
考えてしまいます。
家庭のことを一切せず研究に打ち込ませてくれる夫がいたら、
女性の研究者もたくさんノーベル賞を取れるのでしょうね。

両方できてノーベル賞という人がでてくる時代になって欲しい。

これを読んで、私は本当におっしゃる通りだと思いました。

この本では一貫して人とのつながりの重要性を説いてきましたが、**恋人や家族を犠牲にしてまでネットワークを広げようとするのは本末転倒**です。

私も以前は「仕事だ」「つきあいだ」と言って投資効率の悪い人間関係づくりをしていたように思います。

しかし、コネ持ち父さんになるためのネットワーク構造に気づいてから、人に恵まれるようになっただけでなく、時間にも余裕ができるようになっていったのです。

「目的」でコネクションをしぼる

それでは、どのようにしてつながる先をしぼればよいのでしょうか。
コネ持ち父さんとコネなし父さんのケースを見てみましょう。

人とつながろうとするとき、コネなし父さんは「つながること自体」を目的にします。
そうなると、できるだけ多くの人に会い、たくさんの名刺をコレクションすることが目的になってしまいます。

子どもの頃はたくさんのカードをコレクションして、「レアカード（珍しいカード）」を持っていれば羨望の眼差しを向けられたかもしれません。

しかし、たくさんの名刺をコレクションして、著名人や役職者のレア名刺を持っているからといって、自分のために親身になってくれるコネクションができるわけではないことはすでに申し上げた通りです。

他方、コネ持ち父さんは「つながること」は手段だと考え、「何のためにつながるか」という目的を明確に持っています。そして、無計画につきあいを広げようとするのではなく、目的に沿って必要最小限のコネクションをつくり、個々の関係を大切にすることで結束します。

そのとき、コネ持ち父さんが一つだけ注意していることがあります。

それは、「目的」と言っても**「自己中心的な目的」でつながるのではなく、相手と「共通の目的（志）」でつながる**ようにしているということです。

たとえば、

・人を紹介してもらうため
・仕事をあっせんしてもらうため
・プロジェクトに出資してもらうため

このような打算的な目的はＮＧです。

もちろん、固い絆ができた結果こうした目的に協力してもらえることもあるでしょう。しかし、最初からこのような利己的な目的のためにつながろうとしても、相手にとっては負担にしかならず、長く続くコネクションにはなりません。

一方で、次のような目的だとどうでしょう。

・ともに、世の中に対して役に立つことをするため
・ともに、一人ではできないことを達成するため
・ともに、刺激し合って成長するため

このような目的であれば、きっと多くの人が喜んであなたに協力したいと思い、強力なコネクションになってくれるのではないでしょうか。

私自身の経験を例に挙げれば、私は二〇一四年に『勤トレ 勤力を鍛えるトレーニング』（ディスカヴァー・トゥエンティワン）という本を出させていただいて以来、面会や講演の問い合わせをいただくようになりました。

○ 共通の目的でつながるコネ持ち父さん（右）
名刺コレクションを自慢するコネなし父さん

せっかくのご縁なのでいただいたご相談は可能な限りお応えしたいと思っていますが、いかんせん本業があるので物理的にすべてをお受けするわけにはいきません。

そこで、私はお問い合わせいただいた方にお目にかかる際、自分なりに一つの判断基準を持つようにしています。

それは、「ただ何となくぼんやりと会いたい」ではなく、「○○のために協力してほしい」という目的が明確で、そこに共感させていただけるかどうかです。

『勤トレ』は、「勤める力＝勤力」は筋力と同じように鍛えられるという持論を説いた本で、入社して間もない人向けの研修やベンチャー企業での研修での講演の依頼をいただくことが多いのですが、「次世代の成長に貢献する」という主催者の方と私の目的が合致すれば、喜んで協力させていただきたいと考えています。

このように、手当たり次第に人とつながろうとするのではなく、しっかりと志を持って、その思いを同じくできる仲間とつながればよいのです。

異業種交流会の落とし穴

コネクションをつくりたいと思ったとき、よく話題にのぼるのがいわゆる「異業種交流会」です。では、コネ持ち父さんとコネなし父さん、どちらが積極的に異業種交流会に参加するでしょうか？

もうおわかりですよね。

コネなし父さんが進んで異業種交流会に足を運び、名刺交換に精を出すのに対し、コネ持ち父さんは特別な理由がない限り、自分からそうした会に参加しようとしません。

ひとことで「異業種交流会」と言っても内容はさまざまですから、一概に「異業種交流会」が無意味だとは思いません。普段会うことがない異業種の人たちのお話をうかがうことで見聞が広がることもあるでしょう。

ところが、俗に言う「異業種交流会」には、目に見えない大きな落とし穴があるのです。

みなさんの中には異業種交流会に出席してたくさんの人と出会い、大量に名刺を交換したものの、ほとんどの人とその後関係が続いていないという経験をされた方もいらっしゃるのではないでしょうか。

実際、私もそうでした。目に留まった参加者にこちらからアプローチしても、私がその人にとってつながりたい存在でなければ、ひとことふたこと乾いた社交辞令を交わした後、そっぽを向かれてしまうことが大半だったように思います。

逆に、私が相手につながるメリットがある存在だと思われると、一方的に自分にどんな実績があるか、どんなことができるかをアピールされ、そんな熱気にあてられて家に帰るとぐったりしたものです。


なぜ異業種交流会に参加しても有意義なつながりに発展しないのでしょうか?

次の図をご覧ください。

よくある異業種交流会は右上の**「目的が不特定」**で**「人数がしぼられていない」**ゾーンに属します。

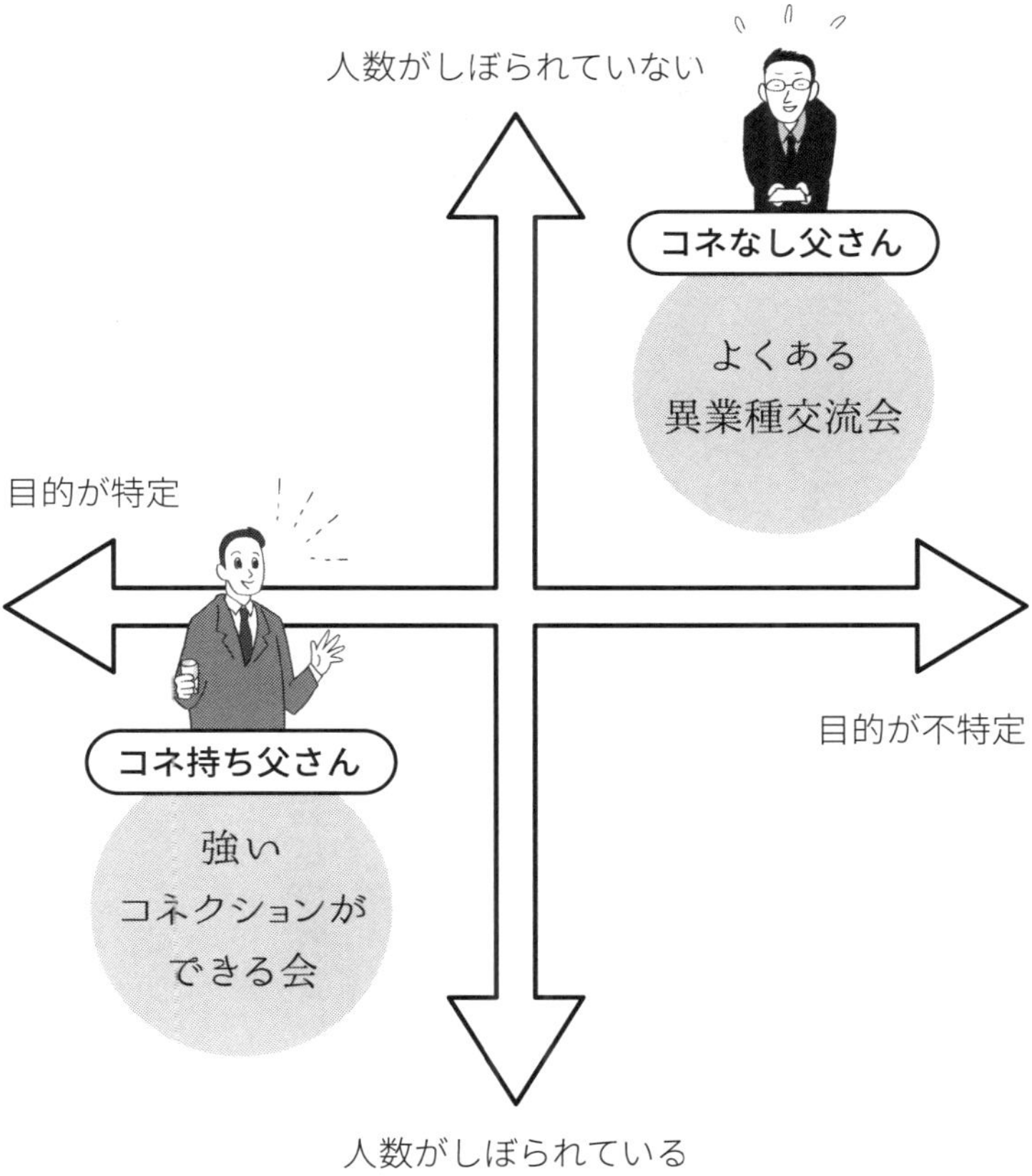

○ コネ持ち父さんが参加する会
　 コネなし父さんが参加する会

ここにコネなし父さんは身を投じます。

しかし、それでは単に業種や職種が違う人がたくさんいる会の中でさまよい、往々にして「行っても疲れただけ」「行かなきゃよかった」という結果になってしまうわけです。

逆に、コネ持ち父さんが参加する会は左下の**「目的が特定」**で**「人数がしぼられている」**ゾーンに属します。

そうした会は、共通の志を持つ人たちが、適度にコミュニケーションできる人数で招集されるので、しっかりとコミュニケーションすることができ、その後コネクションになる関係が築かれるのです。

あなたの時間は相手の時間

コネクションをつくるときに、もう一つ忘れてはいけない大切なことがあります。

それは、「あなたの時間＝相手の時間」ということです。

コネなし父さんはコネクションをつくろうと思い、たくさんの人に会うためにたくさんの時間を使おうとします。

内にこもっていないで外に出て人に会おうという気持ち自体はすばらしいと思います。

しかし、**目的を明確にしないまま「とにかく会ってほしい」と相手に申し出るのは禁物**です。なぜなら、人と会う際に時間を使っているのは自分だけではないからです。

自分が一時間使ったなら相手も一時間、自分が二時間使ったなら相手も二時間使ってい

ることになります。

つまり、人と会うということは、自分と相手が同じだけ時間を使うことになるのです。自分の「つながりたい」という気持ちだけで相手のことを考えずに貴重な時間を奪ってしまうのは「時間泥棒」のようなものです。

コネ持ち父さんは**「何のために会ってもらいたいのか」という目的を明確にして相手に時間を分けてもらえるようにお願いします。**

コネクションづくりの基本は、ちょっとしたことでも自分中心に考えるのではなく、常に相手の立場を考えて行動することなのです。

紹介依頼は慎重に

コネなし父さんは面識のない人に会おうとするとき、手っ取り早く共通の知人に紹介を依頼しようとします。

一昔前は会いたい人にたどり着くツテを探すのは一苦労でした。誰か知り合いがいないか周囲に聞いて回ったり大勢に一斉メールで問い合わせたりというのが普通でした。

しかし、最近ではフェイスブックのようなインターネット技術を使えば、お目当ての人が誰とつながっているかが一目でわかるようになりました。

それに、人に紹介をお願いすれば、会ったことがない相手とあなたの双方についてよく知っている人が仲介者になり、あなたが信頼に足る人物だと保証した上で相手につないでくれるので、これ以上確実で安全な方法はないでしょう。

しかし、コネ持ち父さんは紹介を乱用しません。なぜなら、仲立ちしてくれる人が自分のために貴重な時間を割いてくれているだけでなく、「初めて会う二人がマッチするだろうか」「どのような話題で二人を盛り上げようか」などと気をもみ、お願いするたびに相当なエネルギーを使ってくれていることを知っているからです。

こうしたことを踏まえると、大前提として**仲介者に大きな負担をかけることから、紹介は勝負をかけるときの切り札にしておきたい**ものです。紹介依頼は相手に大きな貸しをつくりますし、安易にお願いばかりしていると大きな借金をつくっているのと同じことになります。

ただし、コネ持ち父さんが人に紹介をお願いしたほうが得策だと思うときもあります。それは、仲介者に「お土産」を渡せるときです。

具体的には、紹介先に謝礼やビジネスチャンスを提供できるようなときです。ただ漠然と「会ってもらいたい」とお願いするのではなく、つないでもらう目的と紹介先にとってのメリットがはっきりしている場合は、仲介者の負担を格段に減らすことができます。

加えて、条件次第では紹介先が喜んでくれ、仲介者も紹介先から感謝され、両者に貢献することができるときがあります。
そのような場合は、一度きりの関係ではなく、その後のコネクションにも発展していくでしょう。

このように、**紹介をお願いするときは「面倒がられるお願い」か「感謝されるお願い」か、どちらであるかを慎重に考えてから仲介者に打診する**ことをおすすめします。

―― 実践の書 ――

ステップ1

ストロー・コネクションをつかむ

{ CONNECTED DAD, UNCONNECTED DAD }

MAKING A STRAW CONNECTION

ターゲットにロックオン！

コネなし父さんが異業種交流会に出て空振りしたり、人に紹介をお願いして断られたりしている間に、コネ持ち父さんはアンテナを張って志を同じくできそうなコネクションを探しています。

すると、チャンスは至るところに転がっているものです。

著名人や著者であれば、あちこちでサイン会、講演会、シンポジウムなどのイベントに登壇されますし、特に著名な方でなくても、今は昔と違ってフェイスブックやツイッターなどのソーシャルメディアで簡単に連絡をとることができる時代です。

そう思うと、本当は**出会い自体がないのではなく、会いに行く勇気と行動力がないだけ**なのです。面識のない方に会おうとして、けげんに思われたり無視されたりしたくないと思うのは当然です。

今では人に会うことに慣れているほうだと思う私でさえも、初めて会う方に連絡をとるときはどんな反応が返ってくるか、いつもドキドキしています。

本当は「緊張」という名のプレッシャーに押し負けているだけなのに「やっぱり今日は忙しいから出かけるのをやめよう」と自分を納得させられる理由を見つけて自己完結していたこともあります。


しかし、私は思い切ってコンタクトすることでこれまでたくさんのつながりをつくってきました。

たとえば、私が最も尊敬する方の一人で、この本の出版でもお世話になっているディスカヴァー・トゥエンティワンの干場社長もそうです。

今から五年ほど前に、今はサービスが終わってしまった「グーグルプラス」というソーシャルメディアで本の企画を募集されていたのを見つけ、「ぜひ提案させてください」とコメントさせていただいたのがその後のおつきあいのきっかけになりました。

それから同社主催の公開イベントにお邪魔したり、共通の知人と一緒に食事したりする

うちに波長が合って親しくさせていただくようになりました。

しかし、あのとき思い切って自分からコンタクトをとらなかったら今のような関係になっていなかったでしょうし、この本がみなさんのお目に触れることもなかったでしょう。

この他にも出版記念イベントや講演会にお邪魔したことがきっかけでその後深いおつきあいをさせていただくことになった例は数知れません。


勇気を出してアプローチしてみれば、**すご過ぎて会うことができないと勝手に思い込んでいた方々とも、意外とオープンにコミュニケーションできる機会がある**ものです。

要するに、チャンスをものにできるかどうかは自分次第だということです。

かつて世界的に有名なカナダのアイスホッケー選手であるウェイン・グレツキーは言いました。

You Miss 100% of The Shots You Don't take.
(打たないシュートは一〇〇%入らない。)

（出典：名言ナビ）

もちろん、いくら準備をしてもうまくいかない場合だってあると思います。ただ、一つ確実に言えるのは、やってみない限り失敗もできないということです。

コネクション投資は惜しまない

みなさんは普段どのようなことにお金を使っていますか？

コネ持ち父さんもコネなし父さんも、いちばんお金を使っているのが「交際費」です。

そして、両者とも企業の設備投資と同じくらい個人の投資として重要なのが交際費だと考えています。判断を誤りさえしなければ、投資した分だけ企業は生産力を上げるように、個人はコネクションを強化することができます。


ただし、コネなし父さんとコネ持ち父さんの交際費の使い方には大きな差があります。

コネなし父さんは飲食が伴う費用すべてが交際費だと思っているのに対して、コネ持ち父さんは**仲間とドンチャン騒ぎをしたり、日頃のうっぷんを晴らしたりするために使う費用は交際費ではなく、「ストレス解消費」**だと考えています。

このように、コネなし父さんは交際費の「無駄遣い」が多いのに対し、コネ持ち父さんは交際費をしっかり「投資」に充てています。

人間ですからうまくいかないこともあるでしょうし、たまにはパーッとやるのもいいと思います。ですが、そればかりだと、新しいコネクションはつくれません。

そんな無駄遣いは意識して削減して、本当の意味での交際費としてコネクションづくりへの投資に回すだけでも、有意義な時間を送ることができるようになるでしょう。

固定化したメンバーと親交を深めるだけでなく、外部の人と会ってコネクションづくりに投資することは自分の視野を広めてくれるだけでなく、いざというときの助けになってくれるものです。

ぜひみなさんも**家計簿をつけて、「無駄遣い」と「投資」を見極めてください。**

無駄遣いを減らし、その分を投資に回すことができるようになれば、おのずと外部とのコネクションが充実していくはずです。

バカだと思われても、覚えられないよりマシ

講演会やトークショーに代表される公開イベントは登壇者とつながるチャンスです。大きく前評判と異なっていない限り、告知の段階で、相手の風貌、専門性、キャリア、人となりなどの情報を得ることができるので、自分がその人に会う目的と合致しているかをあらかじめ判断することができます。

ですから、コネ持ち父さんはこうしたイベントを単に勉強の場だととらえるのではなく、自分の関心があるテーマに関わっている人とつながる絶好のチャンスとして活用するようにします。

そして、コネなし父さんが会に参加して単に「勉強になりました」で終わるのに対し、コネ持ち父さんがこのような会に出席するときには、**自分のことを相手にしっかり覚えてもらう**ように努めます。

勝負は一瞬です。チャンスはせいぜい講演後の質疑応答か、名刺交換会だけです。名刺交換会がないことも一般的です。

その限られたチャンスの中で、相手の心にクサビを打ち込み、そこから相手の心の扉をグイッと開けていくのです。

そのために、コネ持ち父さんは会の事前、本番、事後の三段階で相手の心をつかむための工夫をこらします。

まず、**事前段階で相手のことをしっかり頭に叩き込む**ことです。簡単に情報を獲得することができる時代ですから、著名な方であればインターネットで過去の取材記事を読んだり、著者であればご本を読んだりすることができます。その人がどんなことに興味を持ち、どこに切り込めば「この人はわかっている人だな」と思ってもらえるか、あらかじめ勘所をつかんでおくようにします。

当日会場に行くと、学生ではないのですから講演者から当てられないように会場の後ろの方の席に座るほどもったいないことはありません。まず講演者の視界に入りやすいポジションの席を陣取ります。そして真剣に相手の話を聴き、脳みそをフル回転させるのです。

すべては**相手の脳裏に食い込むキレ味の鋭い質問**をするために！

質疑応答の時間が来たら、満を持して準備し、頭の中で何度もシミュレーションを繰り返した質問で切り込むのです。

池上彰さんよろしく、「いい質問ですね！」と相手に思ってもらえたらしめたものです。

最後の名刺交換会で長蛇の列ができても、講演者はきっとあなたのことだけはしっかりと覚えていてくれるでしょう。

コネ持ち父さんは口を酸っぱくして一緒に仕事をする後輩にこう言っています。

「バカだと思われても覚えられないよりはよっぽどマシだ」と。

その背景には、造語ですが、「一会一人（いちえいちにん）」という考え方があります。

一度の出会いで相手が本当にしっかり覚えているのは、たいてい一人だけです。

たとえば、オリンピックやワールドカップで金メダリストの名前を聞かれれば、みなさんはきっとすぐに思い出すことができるでしょう。しかし、ものすごい人であるはずなのに、銀や銅だとパッと名前が出てくることは少ないのではないでしょうか。

いい子で大人しくしていて相手の記憶に一ミリも残らないくらいであれば、「変なやつだ」と思われても、鮮明に相手の記憶に残るコミュニケーションをしたほうが得だとコネ持ち父さんは考えているのです。

また、**「名刺交換時の待ち行列は戦略的に並べ」**というのがコネ持ち父さんの考えです。

登壇者が大勢と名刺交換しながら一人ひとりのことをしっかり覚えたいと思っても、人間の能力には限界があります。

登壇者が講演後に名刺を整理しようとすると、意に反して、もらった名刺と顔が一致しないということは日常茶飯事ではないでしょうか。

名刺交換の時間がじっくりある場合は、あえて列の最後に並んで話せば相手とゆとりをもって話すことができますし、最後に話した人だと相手は覚えてくれるでしょう。

時間がない場合は、真っ先に飛び込めるように最前列に座り、クラウチングスタートの準備をしておくのも一つの手です。

最後に、事後のお礼も抜かりないようにしましょう。試験勉強をするときに、復習するのと同じです。せっかく覚えたこともしばらく復習しないとすぐに忘れてしまいますよね。コネなし父さんは名刺を集めて満足してしまいますが、コネ持ち父さんは相手に出会いを復習してもらえるように、**お礼は翌日の午前中までにお送りするのがベスト**だと考えて会場で会話した内容を織り混ぜながらのメールを送ります。

気持ちは生ものです。時間が経てば経つほど、傷んでいってしまいます。

感動が新鮮なうちに心のこもったお礼文を送り、次につなげていきたいものです。

幹事が「ハブ」になってくれるパーティーは大チャンス

「パーティーには出るな」と書いてある本があります。

確かに、そもそも「パーティー」という言葉の響きには浮ついた印象があるように思います。実は私も「パーティーには出るな」という意見には概ね賛成で、ただお酒を飲んで上辺の会話をするだけのパーティーに出席するのは完全に時間の無駄だと思っています。

ところが、コネ持ち父さんは「パーティー」だからといってすべてがただ浮かれた飲み会だと決めつけて否定することはしません。

参加してもまるで意味のないパーティーもたくさんありますが、**参加することで人生が変わるような出会いが生まれるパーティーもある**のです。

要するに、ひとくちに「パーティー」と言っても、参加する意義があるかないかはその

ときどきの内容次第であり、それを見極めることが大切だということです。

ですから、コネ持ち父さんは純粋に「関係者のお祝いのパーティー」や「出席する顔ぶれが事前にわかっていて個別に会いにいく目的があるパーティー」を除いて、人と交流することが目的のパーティーに招かれた場合は、参加する際に二つの基準を持っています。

基準一：幹事がよく知っている人であること
基準二：その幹事が中心になって集客していること

コネ持ち父さんは家の用事や先約がなく、この二つが満たされているときには一つ返事で「イエス」と答えるようにしています。

あなたのことをよく知っている幹事が誘ってくれるパーティーは、あなた以外の参加者のこともよく知った上で会に誘ってくれているわけです。つまり、その**幹事が他の参加者とも親しければ、ハブ（人と人とをつなぐ存在）になってあなたにマッ**

チしそうな人をつなげてくれる可能性があるということです。

そうなると、幹事である共通の友人に初めて会う人の間に入ってもらうことができるので、短時間で初対面の人とも一気に距離を縮めることができます。

かく言う私も、こうした基準を満たすパーティーに出席して幹事に仲人になってもらうことで、いくつもの素敵な出会いを頂戴し、新しいコネクションをつくることができた経験があります。

パーティータイムに欲張らない

パーティーに出ると、コネなし父さんが多くの人とつながろうとハッスルするのに対し、コネ持ち父さんは欲張ってたくさんの人とつながろうとはしません。

たいていのパーティーは二時間、長くても三時間です。そうなると、限られた時間の中で名刺をバラまくのは得策ではありません。数日もすれば、振り返ってもまったく記憶に残っていない名刺の山が積み上がるだけです。

そこで、コネ持ち父さんは最初から**話しかける相手をしぼり、なるべく長く会話できる時間をとる**ようにします。

たとえば、一二〇分のパーティーに参加したとして主催者挨拶、余興、飲食、回遊時間などを差し引くと七〇～八〇分が自由時間になるとしましょう。そこで二〇人と話そうとすれば、一人あたり三～四分という計算になります。

みなさんは「はじめまして」からスタートして、四分以内で意気投合するところまで到達することはできるでしょうか。

私は二時間のパーティーで二〇人以上と話したことがありますが、その度にお顔を思い出すことができない名刺をたくさん持ち帰っていました。

このような状況を踏まえて、私はパーティーに参加する前に作戦を練ることをおすすめします。

近年は技術の進歩も著しく、フェイスブックで招待されるイベントでは、どのような人が参加するかが予めわかります。自分と志を同じくできそうな人がわかっていれば、**現場で会話を盛り上げられるように予習する**ことができます。

相手が名の知れた人であれば、講演会やトークショーに参加するときと同じように、事前にある程度知識を頭の中にインプットしておき、当日会場で会話を弾ませることもできます。

そうやってお互いに意気投合し、しっかり相手の記憶に残るくらいの会話を交わすことができれば「ぜひまた会いましょう」という流れになるのです。

いい意味でパーティーは「狩り場」です。

「二兎追う者は一兎をも得ず」ということわざがありますが、コネなし父さんは名刺を配り歩いて、「二兎」追うどころか、「多兎（多くのウサギ）」を追っているようなものです。

コネ持ち父さんの関係づくりは、どこにいても「一対一」が鉄則です。

たとえ周りに多くの人がいても、「広く浅く」ではなく、**狙いを定めた人と「狭く深く」コミュニケーションすることがその後につながる関係をつくる基本**なのです。

「縁結び」は「円結び」

セミナーでもパーティーでも、お目当ての相手と話すことができる時間がわずかであることは今申し上げた通りです。

では、どのようにすれば一瞬で相手との距離を縮めることができるのでしょうか。

コネ持ち父さんは、相手が持っている円と自分が持っている関心事の円を重ね合わせます。

みなさんも小学生のときに算数の授業で習った「ベン図」を思い出してください。

イギリスの数学者ジョン・ベンが考え出した、二つの異なる円の重なり合う部分が〝共通項〟であることを示すあの図です。

左ページの図をご覧ください。

二つの円のうちの一つ目の円が「相手の関心事」、二つ目の円が「自分の関心事」です。そこで、相手の円と自分の円が重なり合う部分ができるはずです。その部分が〝相手と自分の共通項〟です。


セミナーやパーティーなどのイベントで出会った人と、**「二つの円が重なる部分＝共通項」を見つけることができれば、初対面でもぐっと距離を縮めることができます。**


たとえば、パーティで会った人とコネ持ち父さんがお互いに大の映画好きだということがわかったとしましょう。

映画の話で盛り上がり、二人が好きな場面が名作『ショーシャンクの空に』でティム・ロビンス演じる主人公アンディが雨に打たれるシーンだとわかると、共感を通じて一気に仲良くなることができるのではないでしょうか。

別れ際にも今度会うときは映画話の続きをしましょうと、次につながる約束をすることができます。

◎ 共通の関心事は二つの円が重なる部分

出身県、出身校、趣味、実現したいと思っていること、注目していること、共通の知人や友人がいることなど、相手との共通項はさまざまです。

以前私はある起業家の方とその当時雑誌の編集長をされていた方をお引き合わせしたことがありますが、きっかけはお二人の卒業された高校が同じということでした。

お二方とも同じ校舎で同じ教育方針の学校で過ごされていたので、互いの原体験を共有され、仲人役の私が入る余地もなく、会話というよりもまるで交信するかのごとくすぐに仲良くなられていたのを思い出します。

私自身の例を挙げても、仕事で出会った方と自分が小学生の頃同じ塾に通っていたことがわかった瞬間、同じ体験をした人にしかわからない先生の風貌、教室のレイアウトなど、当時の思い出を共有し、お互い旧知の存在のように思い合えたことがあります。

二つの円を結ぶ「円結び」は、まさに「縁結び」です。

多種多様な人といろいろな話で盛り上がれるようにするには、**自分が持っている関心の円を大きくする**ことです。そのためには、日頃からいろいろなことに好奇心を持って世の中を見ておくことが大切なのです。

自分のことを売り込まない

パーティーのように限られた持ち時間しかない場で相手に自分のことを覚えてもらおうと思うと、ついつい自分のことをアピールするのに力が入ってしまいますよね。

しかし、一生懸命話しかけているのに、相手の反応が薄く、若干迷惑そうな微妙な表情をされたことはないでしょうか。それを「愛想が悪いな～」と相手のせいにしてしまってはいけません。

ここで、一つたとえ話をしましょう。

あるときあなたが友人に誘われてパーティーに参加したとします。場の雰囲気にも慣れてきたかなと思った頃、あなたは大きくタイプが違う二人に出会います。

一人はあなたに対して「自分が今どのような仕事をしているか」「自分に何ができるの

か」を積極的に売り込んできます。そろそろ話を切り上げて別の人と交流したいと思っても、その人は一方的に自分のことを話し続けます。

パーティーから帰り、翌朝目覚めてパソコンのメールボックスを開けると、その人から昨日のお礼とともにご丁寧にもう一度「自分は何者で、何ができるのか」をリマインドするメールが届いています。

一人目とは対照的に、もう一人は「あなたが今どのような仕事をしているか」「あなたがどのようなことをできる人を求めているのか」を熱心に聴いてくれます。

翌朝届いたお礼のメールには、あなたが昨日話したことに対していくつか役に立ちそうな情報をみつくろって送ってくれています。

どちらも一生懸命です。

でも、あなたはどちらの人と仲良くなりたい、仕事をしたいと思うでしょうか？

同じ一生懸命でも、一人目は、自分、自分、自分、自分……で、終始「自分」が中心のコミュニケーションをしていました。一方、二人目は、常に「あなた」を中心に考えて話し、ささやかでも自分にできることをすぐに実行してくれたのです。

奇跡的にちょうどあなたが求めていたことにドンピシャな能力があるとアピールされたら、一人目を選んだかもしれません。しかしそうでもない限り、あなたは「二人目と仲良くしたい、仕事をしたい」と思われたのではないでしょうか。

いくら能力があっても、自分の利益のことしか考えず、自己中心的に振る舞っていると、相手を引かせてしまってもおかしくありません。

おそらくあなたが二人目に感じたように、**人は自分の話に真摯に耳を傾け、その人にできることをやってくれる相手に好意を持ち、関係を深めたいと思う**のではないでしょうか。

そう、みなさんはすでにお気づきの通り、一人目がコネなし父さんで、二人目がコネ持ち父さんです。

もしあなたが意中の人と強固なコネクションをつくりたいと思うなら、どのような場であろうとも、コネなし父さんのように「テイカー」になるのではなく、コネ持ち父さんのように「ギバー」になってみてください。

短時間で相手の取材をするコツ

せっかく人に貢献しようと思っても、相手の求めていないことをしていては、ありがた迷惑になりかねません。

相手のハートを射抜く貢献をするためには、まず相手をよく知ることが大切です。

その際コネ持ち父さんが実践している取材のコツは**「もんしろ・ちょう・ちょう」**です。

まず「もんしろ」は、**「しつもんしろ＝質問しろ」**です。

相手から話を聞き出すためには、質問しなければはじまりません。

「普段何をしている人なのか」「なぜこの場に来ることになったのか」「いまどのようなことに興味を持っているのか」など、相手が話しはじめるきっかけを投げかけましょう。

その際のポイントは仕方なくやるのではなく、誰からでも学ぼうという気持ちをセットし、「ぜひお話をうかがわせてください」という好奇心を「聴く姿勢」からにじみ出させることです。

相手が話しはじめたら、「ちょう」に移ります。

これは**「どうちょう＝同調」**の「ちょう」です。

「はい」「ええ」「なるほど」「そうなんですね」など相槌を打ちながらひたすら聴くことに徹します。話すペースは百人百様です。とうとうと話す人もいれば、ぽつりぽつりと話す人もいます。相手のリズムに合わせて話しやすい雰囲気をつくりましょう。

最後に、もう一つ「ちょう」は**「けいちょう＝傾聴」**です。

相手の話を聴いていると、自分も体験したことがあり、思わず話をかぶせたくなることがあります。

たとえば、相手が「この前どこどこのレストランに行ったんですけどね」と話しかけたとします。それが自分もよく行くレストランだと、「あ、そこ、私もよく行きますよ〜」

と思わず話し出したくなりますよね。

しかし、そこはあえてグッと辛抱することが大切です。

自分の話をはじめてしまうと、先回りして相手の会話をせき止めてしまっているようなものです。聞き手は会話の流れを遮らないのが相手に気持ちよく話してもらうための鍵なのです。


話が盛り上がったら途中でどう切り上げればよいのでしょうか?

そのようなときは**「すごく楽しかったので、ぜひ今度この続きの場を設けさせてください」**と伝えてみてはいかがでしょうか。

そうすれば、気が合った人と別途個別にたっぷり語り合う時間をもらうことができるでしょう。

拙速に友達申請を出さない

会った瞬間に打ち解け合い、一瞬で意気投合する人もいます。

しかし、一度会っただけでまだフィーリングが合うかどうかわからない人に対して拙速にフェイスブックなどのソーシャルメディアで友達申請を出すのは禁物です。

コネなし父さんは、出会った人に片っ端から友達申請を出します。しかし、一度しか話したことのない人の名前を出して「あの人も友達だよアピール」はみっともなく見え、周囲から距離を置かれかねません。

それに対して、コネ持ち父さんは、友達とフォロワーは違うと考え、拙速に友達申請を出すことはしません。

「友達の人数が多い＝自分は人気者」だと思い、フォロワー獲得と同じように友達申請を出していると、結果的に相手に対して大きな迷惑をかけることにもなりかねないのです。

これに関しては私も反省することがありました。

まさに、友達の人数が多いほど人望があるのだと勘違いして、セミナーやイベントではんの少し会話をした程度の人に気軽に友達申請をしてしまったことがあります。

しかし、考えてみれば、たいして親しくもない人が「自分が今日どうした、こうした」などと書いている投稿が頻繁に自分のタイムラインに表示されるとどう思うでしょう。相手に気にせず無視してもらえばいいと言っても、見たいとも思っていない情報が次々に流れてくると、相手に自分のことを煩わしいと思われても仕方ありません。

私も、それほど親しくもない相手が読みたくないであろう内容の投稿をした結果、そっと友達からハズされるという苦い経験もしました。

ソーシャルメディアで友達になっていたのに一度意識して解除されてしまうと、もし次に会うことがあっても気まずいものです。本当に友達として申請してもよい、相手にも求められ、受け止めてもらえるという距離感になるまでは気安く友達申請を出さないほうが得策だと感じます。

私は何度かやらかしてしまった経験をしてからというもの、よほどその場で意気投合しない限りは気安く申請してしまいそうな気持ちを抑えるようにしました。

それ以降も何度か実際に出会い、自分が仲良くなれそうで、相手からも自分と仲良くなりたいと思ってもらえていると確信してから友達申請を出すように改めました。

自戒を込めて申し上げると、人を自分のコネクションにしようとして軽卒に友達申請を出すのではなく、仲良くなった、**「この人にこれからも貢献したい！」そう思う人にこそ、友達申請を出す**ようにしたいものです。

「アウェイ」から「ホーム」へ持ち込むべし

セミナーやパーティーなどのイベントで出会いにめぐまれたからと言って、それがすぐコネクションになるわけではありません。

人間は忘却する生き物です。

せっかく相手の心にクサビを打ち込むことができても、しばらくそのまま放っておくとあっと言う間に割れ目はふさがってしまうものです。

コネなし父さんは名刺を集めたら「ミッション完了！」という気分に浸ってしまいます。

その逆に、コネ持ち父さんは**相手の心の壁に割れ目をつくることができたところからがスタート**だと考えます。

そして、最初の出会いでできたいい流れを途切れさせないように、バリケードを壊してお互いの心を通い合わせる努力をするのです。

セミナーやパーティーに参加するのは、サッカーで言うなら「アウェイ」の試合に出ているようなものです。

いくら会話が弾んだとしても、せいぜい数分しかコミュニケーションできないわけですから、お互いにほんの一部しか理解し合えていないと思っておいたほうがよいでしょう。

コネ持ち父さんは**「アウェイ」で波長が合い、もっと心を通い合わせたいと思ったら、「ホーム」に持ち込む約束をします。**

そのためには、とっておきのお店で、少人数、できればサシ（二人きり）で語り合える環境を整えて相手に提案するのです。

「とっておき」と言っても、コネ持ち父さんはいつも高級店を選ぶわけではありません。自分の行きつけで、自信を持って大切な人におもてなしができるお店にするのです。行きつけのお店だと、もし混雑していてもお店の方がコネ持ち父さんの席に気を遣って動いてくださったり、ちょっとしたサービスをしてくれたりすることもあるわけです。

コネ持ち父さんとお店の方が親しく話していたら、一緒に行った相手は、自分が大切なお店に連れて来てもらったのだと感じるのではないでしょうか。

ちなみに、私は「この人ともっと仲良くなりたい！」と思ったら、積極的にカウンターがあるお店を選んで二人で食事に出かけるようにしています。

それは相手と自分が肩を並べて座り、同じ方向を見ながらお互いの意見を交わすことができるからです。

ご存知の通り相手と向き合って話すことは「対話」と呼ばれますが、私はそれに対して肩を並べて話すことを**「並話《へいわ》」**と呼んでいます。

恋愛関係であればお互いの顔を見つめ合えるように向かい合って座るのがよいかもしれませんが、友人・知人とは同じ未来を見ながら語り合えば、同じ志を共有し、二人の心の中に絆が生まれるものです。

○ とっておきのお店で心を通わせるコネ持ち父さん（上）
名刺を集めたらミッション完了のコネなし父さん

ヤルヤル詐欺になっちゃダメ！

「今度、ぜひランチに行きましょう」

「今度、また飲みましょう」


その「今度」、本物ですか？

コネなし父さんはセミナーやパーティーで会話が盛り上がると、ついつい調子よく相手かまわずランチや飲み会に誘ってしまいます。

しかし、自分から誘っておいてその後なしのつぶてでは、「あれは社交辞令だったんだ」と相手をがっかりさせてしまいます。

それでは、「あなたに会う価値がないと判断した」と言っているようなものです。

ヤルヤルと言ってやらないのは、「ヤルヤル詐欺」です。

私も偉そうなことは言えず、かつてはヤルヤル詐欺のきらいがありました。

ですが、口約束をして実行に移さないまま別の会でその人に再会してしまい、気まずい思いをしたことがあります。

コネ持ち父さんは、「ああ、この人ちょっと違うな」「波長が会わないな」と思ったら、無理に自分から次に会う約束はしません。

逆に、「この人と話していると楽しいな」「また会いたいな」と思って**次回の約束を取り付けた人に対しては必ず公約を実行**します。

波長が合って意気投合した相手が次回また会おうと持ちかけてくれ、実際に約束を果たしてくれたらうれしいものです。出かけた先でもきっと会話は盛り上がり、二人の距離は一気に縮まるでしょう。

もっとも、一人で勘違いして盛り上がらないように気をつけなければなりません。

空気を読むことは大切です。勝手に自分一人で仲良くなった気分になり、相手の都合を顧みずお誘いするのは逆に面倒に思われてしまって、これでは本末転倒です。

お誘いしても反応が鈍いときは、自分から相手の気持ちを察して決して無理強いしないようにしましょう。

相手を誘うときは常に、自分の都合で考えるのではなく、**相手も期待し、求めてくれているだろうなということを確信した上で次回会う約束をし、しっかりそれを果たす**ことが大切なのです。

短期間で仲良くなるには「イッキ見」作戦

セミナーやパーティーで出会った後ホームに持ち込み、この人とはもっと親しい関係になりたいと思ったときにはどうすればよいのでしょうか？

みなさんがテスト勉強していたときのことを思い出してください。

頑張って試験勉強したのに、しばらく復習しないと、すっかり忘れてしまって「もう一度やり直し！」なんてことはよくありますよね。

私も大学受験の勉強をしていたとき、歴史で原始時代について学んだ後、しばらくサボっていたら何も頭に残っておらず、何度も最初に戻ってやり直し、「原始時代の無限ループ」からなかなか抜け出せなかったことを思い出します。

ところが、当時勉強ができる人のことを思い出すと、学んだことを忘れないうちにおさ

らいをしながら新しい知識をインプットしていたように思います。

別のたとえを挙げると、私は行きつけのお店をつくりたいなら間を空けずに訪問するのがいいと会社の先輩に教わりました。お店の主人が自分のことを忘れてしまった頃にお店に行っても、先ほどの私の日本史の勉強の仕方とまったく同じで、もう一度一からやり直さなければなりません。

ところが、間を空けずに連続してお店にお邪魔すると、お店の方もしっかりとあなたのことを覚えていてくれるでしょう。一度記憶に焼き付けてからであれば、少しくらい間が空いてしまったからといって、あなたのことを忘れ去ることはありません。

人との関係も同じです。

こうしたことを踏まえて、コネ持ち父さんは仲良くなりたいと思う人に対して同じ回数会うのなら、**「連続的」に時間をつくろうと考え、短期間で相手との距離を縮めます。**

反対に、コネなし父さんは「断続的」に会い、久々に顔を合わす度にお互いよそよそしくしてしまいます。

こうした行動は、連続ドラマにたとえれば「イッキ見」です。「イッキ見」のことを英語では「ビンジウォッチ（binge watch）」と言うそうで、米国では「いつでもどこでも観たいだけ観ることができる動画サービス」が普及して、この言葉が社会現象になったそうです。

私も海外ドラマが大好きで、第一話を見てハマると、思わず通しで観たくなってしまいます。仕事が立て込んでくるとまとまった時間をつくるのは難しいものですが、小間切れに一話ずつ観るより、ある程度連続して観たほうが圧倒的にすんなりとストーリーが頭の中に入ってくるように思います。

人との関係においても同じように、一時期に連続して相手に会うことで、あなたのことを「断片的」に知ってもらうのではなく、「全体的」に知ってもらうことができます。

そして、一旦ある程度の水準まで関係を深めることで強いコネクションができると、多少ご無沙汰することになったとしても、またゼロから関係を構築し直さなければならないという事態にはならないのです。

ノリ、重要です！

コネ持ち父さんは大切な仲間からの誘いがあれば、四の五の言わずにできるかぎり予定を調整して参加しようとします。

しかし、コネなし父さんは自分が忙しいとあれこれ理由をつけてせっかくの誘いを無下にしてしまいます。

今から数年前、こんなことがありました。

フレンチレストランの有名シェフである松嶋啓介さんから、ある日突然フェイスブックのメッセージで、今お台場でフェアをやっているので「今日、ランチに来ませんか？」とお誘いをいただきました。

時計を見ると、午前一一時。しかも勤め先の赤坂からお台場までは割と距離がある。

普通であれば「いや〜、今日はさすがにちょっと〜」と言ってしまうところかもしれません。

ところが、幸いその日の午後早い時間の仕事が入っていなかったので、私は**一秒で決断して「行きます！」と即返信**しました。

そして、当時一緒に会社のプロジェクトに取り組んでいたノリのいいラガーマンの後輩を誘い、二人でお台場へ直行しました。

後輩と食事をしていると、シェフがある方と一緒に私たちの席のそばまで来てくださいました。その方は、フェンシング界のスーパースター太田雄貴さんだったのです。太田さんとはその後何度かお会いしているうちに親しくなり、いろいろ相談に乗っていただけるまでの間柄になりました。

しかし、もし私が「忙しいから」といってシェフのお誘いに乗らなかったら、このような出会いに恵まれることはなかったわけです。

逆に、私が幹事になって会を開くときにも同じように感じることがあります。

きっとものすごく忙しいはずなのに、誘って先約さえなければ二つ返事で「行きま

す！」という気持ちのよい返事をくださる方が私の仲間には何人かいます。そのメンバーは、ノリがよいので入魂の会にはいつもお誘いしたいと思うものです。

もう亡くなってしまったのですが、私の会社の恩人であり、働き方、遊び方、たくさんのことを教えてくださった大先輩がかつてこうおっしゃっていました。

「大切な人からの誘いには、迷わずに乗れ。今仕事があるとか、ゴニョゴニョ言ってないでまず会社を出ろ。仕事なんて後から何とでもなる。」

実際は何ともならない仕事もありますし、その大先輩は「おい川下！　早く仕事を終わらせろ！　今から飲みにいくぞ！」と私に言いたかっただけだったのかもしれません。ですが、このスピリッツを教えていただいたことに深く感謝していますし、大先輩の教えを実践することで多くの出会いに恵まれ、少なくとも私は大きく人生を変えることができたように思います。

断りの流儀

ノリが重要と申し上げましたが、せっかく誘ってもらっても先約があって出席が難しいときや、家族や自分の怪我や病気、台風や大雪などの突発事項が発生してどうしても出席できなくなるときがあります。

そのようなときには、どのような対応をするのがよいでしょうか？

コネ持ち父さんは特に次の三つのポイントに気をつけながら「断りの流儀」を実践しています。

流儀一　断るなら早いほうがいい

みなさんは「行けたら行く」と曖昧に答えてしまうことがないでしょうか。実はかつての私もよくやっていたように思います。

ですが、幹事をやるようになって思うのは「行けたら行く」は白（出席）でも黒（欠席）でもないグレー回答なので、幹事にとっては参加人数にカウントすることができない非常に困った状態なのです。そのまま明確な回答を寝かせてしまうのは、幹事に大きな負担をかけてしまいます。

幹事は会場のキャパシティ、食事、会費などを管理しなければならないので、なるべく早く正確な出席人数を把握したいと思っているものです。希望的観測を伝えて、会の直前に行けなくなってしまったら、幹事は時間のない中でその穴を埋めなければならなくなります。

ですから、もし行けないようであれば、幹事に期待を持たせてしまうのではなく、早い段階で断りを入れるほうが親切です。

行けるかもしれない場合は、いつ頃まではっきりするかを伝えておき、そのときには「イエス」か「ノー」を明確にするのが最低限のマナーだと言えるでしょう。

流儀二 欠席をインターネットで公開投稿しない

どうしても会に参加できなくなってしまったとき、フェイスブックのイベントページの公開掲示板に「参加できなくなりました」と投稿していないでしょうか。

該当するイベントのページに投稿しているだけなのでまったく悪気はないと思うのですが、その投稿を見たイベント参加予定の方々はどう思うでしょうか。

仮に欠席者が相次いだとき、「あまりこの会は盛り上がっていないのかな」と負の連鎖反応を起こしてしまわないとも限りません。

幹事は多くの人に前向きに出席してもらいたいと考えているところに、会を盛り下げるコメントが投稿されるとがっかりしてしまうものです。

もし会に参加できなくなってしまったら、**幹事個人にメッセージ、メール、電話で連絡すればよい**のです。本当に心から盛会を祈っているのであれば、「盛会をお祈りします」と公開投稿して会の盛り上がりに水を差すようなことをしない配慮ができてこそ、人づきあいのセンスがあると言えるのではないでしょうか。

流儀三　ドタキャンは御法度

家族や自分の怪我や病気、天候や交通事情などによってやむをえない場合もありますが、原則として「ドタキャン（土壇場のキャンセル）」はＮＧです。なぜなら、当日キャンセ

ルができないお店も多く、欠員が出ると幹事が赤字をかぶってしまうことになるからです。ドタキャンには、しばしば「急な仕事が入ってしまいました」という言葉が添えられることがありますが、むしろ逆効果です。幹事からは、心を込めてこしらえたイベントよりも自分の都合を優先する人だと思われても仕方がありません。

そうは言っても、予定が見えないときはどうしたらよいのでしょうか。

予めその可能性が高いとわかっているときには、**事前に個別に「不参加」として幹事に回答しておけばよい**のです。

そうすると、当日ある程度人数調整がきく会であれば、もし「ドタサン（土壇場の参加）」になっても、幹事としては当日キャンセルが発生したときの穴埋めができるので、むしろありがたく思うものです。

もちろん事前に参加人数が確定していなければならないフォーマルな着席式の会では難しいかもしれませんが、人数に融通のきく立食会ではこの方法が有効なことが多いように思います。

でも、どんなに注意していても、本人や家族の事情でどうしても当日急に出席できなくなることがあります。その場合、結果的に調整できて幹事やお店に迷惑がかからなかったということにならない限りは、キャンセル費は幹事が遠慮してもお支払いするようにしましょう。

こうした流儀をおざなりにしていると、やがておもしろい会や魅力的な人が参加する会に呼んでもらえないようになってしまいます。

三つの流儀に共通することですが、つまるところ大切なのは**時間とお金と労力を費やして、会を催してくれている幹事に対する気遣い**です。

「自分の予定が見えないのでとりあえず返事を保留にしよう」「自分が参加できなくなったので公開掲示板に書き込んでおこう」「自分に急用ができたのでドタキャンするしかない」そんなふうに自分中心に考えるのではなく、幹事の気持ちになって考えるようにすれば、懲りずに誘ってもらえる気持ちのよい断り方ができるように思います。

あなたの都合、聞いてません！

みなさんは、人から誘ってもらえる人と誘ってもらえない人の間にどのような差があると思いますか？

ノリのいいコネ持ち父さんは幹事からの声がけに対していつも「行きます！（だいたい「！」がついています）」とあれこれ言葉を装飾せずに気持ちよく即答します。

その裏側では当日一九時開始の会に参加しようと思うと、一八時半までには仕事を終わらせて会社を出なければならないが「実は仕事は山積みだ」という状況があるかもしれません。

しかし、コネ持ち父さんは、たいてい潔く「行く！」と決めてから自分のスケジュールをやりくりして参加します。そして、自分がその裏でいかに調整に努力したかなどはおくびにも出しません。

一方で、コネなし父さんは「その日は朝からずっと五つも打ち合せが入っているので、もし調整できれば行くよ」のような回答をします。行けるか行けないかより先にまず自分の都合を考えた返答文を書いてしまうのです。


断るときも同じです。

コネ持ち父さんは「申し訳ありません！　楽しみにしていたのですが、急遽どうしても行けなくなってしまいました」という結論だけを幹事に個別に伝え、即座に会費の支払いをするなど、相手に迷惑をかけないように礼儀を尽くします。

その反対に、コネなし父さんは「急な出張が入ってしまったので……」「打ち合せ時間が延びたので……」などと、自分が責められないためのこってりとした言い訳を添えて欠席の連絡を入れてしまいます。

私の友人でよく幹事を買って出てくれる人と二人で食事に行ったとき、「幹事あるある」が話題になりました。

そして、その人が「ドタキャンの連絡をしてきて個人の事情を塗りたくる人」についてあるひとことを発しました。

「あなたの都合、聞いてません！」

確かに、おっしゃる通りです。

幹事が求めているのは、自分を守るための予防線や言い訳ではなく、出席できるか、できないかです。

どうせ出席するのなら、つい言いたくなった自分の予定を一旦飲み込んで、「~~本当は仕事が忙しいのですが、~~（↑自分の中で消化するところがポイントです！）○○さんのお誘いであれば、迷わず喜んでうかがいます！」と即答すれば、幹事からあなたに対してどれだけ清々しい印象を持ってもらえることでしょうか。

このように、回答の仕方一つに相手に対する配慮が表れるものです。

「また誘ってもらえる人」になるか、「もう誘ってもらえない人」になるかの差は、ノリのよさに加えて幹事に対する気配りができるかどうかなのです。

◯ **自分の予定は言わず即答するコネ持ち父さん（右）**
自分の都合優先の返答をするコネなし父さん

参加できなかったときのNGワード

それでも諸事情あって急遽参加できなくなることはあるでしょう。

そのようなときに気をつけたほうがいいことについて、以前ミュージシャンのデーモン小暮さんは次のようにおっしゃっていました。

言ってはいけない言葉

「残念ながら今回は観られない（聴けない・行けない）です」

「観られません（聴けません・行けません）でした」

「観ない（聴かない・行かない）と思います」

……こういう類の言葉である。

全てのアーティストがそうではないかも知れないが、大部分のその種の者は作品に「心血を注いで」いる。「心血を注ぐ」とは、命を削ったり命懸けで臨んだりすることでもある。そしてそれらの作品は多分において観て（接して）ほしいから、この世に送り出されている。

時間や金銭の事情があって「本当はとても観たかった（接したかった）」のにそれが叶わず、そんな気持ちだけでも伝えようと、ほとんどの人は悪気なくむしろ応援の気持ちでそういう言葉をアーティスト（またはエンターテイナー）たちに発しているのだと思う。でも、そんなことは分かっていても、実はその類の言葉を聞いてほとんどのアーティスト（またはエンターテイナー）たちは嬉しくないのである。…というよりもがっかりすることが多いのだ。これは知っておくとためになると思う。

なぜか？「心血を注いで」生み出した作品はオン・タイムであろうが無かろうが、観て（聴いて・接して）もらってなんぼ、だからである。そこにその時の作者（演者）の魂（生きていた証し）が存在するからである。

もう少し簡単な言い方をすると「あんなに精魂こめて作った（演った）のに、

観て（接して）もらえないんだ…どんな理由があれ」ということだ。
色んな人に色んな事情があって、意に反して観られない（聴けない・行けない）のは事実なのだから仕方がないとして、吾輩が言いたいのは『イベント行けません』という言葉は、心の中に納めてもらい、作者（演者）にはわざわざ伝えないほうが良いよ、ということなのである。

引用元：デーモン閣下の地獄のWEB ROCKの二〇一〇年一月

この文章を読むと、「ああ、私もやってしまっていたな」と古傷がズキズキ痛みます。会に参加することができないとき、相手から悪く思われたくないあまり、「行きたいという気持ちはあったんだ」ということをご本人に伝えようとしていたように思います。
しかし、今思えば私は「自分が嫌われないように自分の事情を伝えていただけだった」と後悔しています。

急遽会に参加できなくなってしまったときは、当然準備の問題があるので幹事には欠席の旨を伝えなければなりません。

しかし、**主賓がいるイベントでは、会に行けないことや行けない理由を直接主賓に伝えない**こと、幹事に対しても「自己防衛」のために懇切丁寧に会に行けない理由を塗りたくらないことをおすすめします。

それは、決して悪意が無くても「残念だ」と思っている相手の傷口に塩を塗り込むのと同じようなことだからです。

―― 実践の書 ――

ステップ 2

惜しみなくコネを提供する

{ CONNECTED DAD, UNCONNECTED DAD }

GIVING CONNECTIONS GENEROUSLY

面倒な依頼こそ、ダイヤの原石である

私のフェイスブックには頻繁に相談や依頼のメッセージが届きます。

仕事の繁忙状況や相談・依頼の難易度によっては、まだまだ十分にお応えできているとは言いがたいのですが、そのとき私が持ち合わせている知識・技術・ネットワークで解決できることは、すぐに提供させていただくようにしています。

ところが、中には瞬時に解決策を提示することができない場合もあります。

その場で解決できないお題を頂戴してしまうと、「これはちょっと面倒かもしれないぞ」と思いますよね。その時点で解決策を持ち合わせていない場合、その旨を伝え、丁重にお断りするというのが一般的な判断ではないでしょうか。

しかし、そんなとき、コネなし父さんが今の自分には応えられないからと断ってしまうのに対し、コネ持ち父さんなら**相手の役に立ちながら自分を成長させる絶好のチャンス**だととらえます。

あるとき私の会社の先輩から相談が舞い込みました。依頼内容は、今の若い男性の身だしなみや美容のトレンドについて知りたいので、有識者としてある有名な男性誌の編集長にヒアリングができないかというものでした。

ところが、当時の私はまだその編集長と面識がありませんでした。通常であれば会ったこともない人にヒアリングの打診をするのは抵抗があるでしょう。しかも、多忙を極める雑誌の編集長となるとなおさらです。

こんなときは、自分で抱え込む前に「コネクションがないのでごめんなさい」と早めにギブアップするのも一つの誠実な回答だと考えました。

しかし、先輩の相談は「ただ何となく会いたい」という曖昧なものではなく、「何のために会いたいか」という目的が明確でした。それならば断られることはあってもダラダラと相手の時間を奪ってうっとうしく思われることもないと思ったのです。

私は連絡先を調べ、何のためにお時間を頂戴したいかを明確にし、その編集長に面会を打診しました。すると、ほどなくお返事をいただき、詳細な説明を差し上げた後にヒアリングのお時間を頂戴することができました。勇気を出して連絡をとってみたことで、私は貴重なつながりを得ることができたのです。

後日編集長にヒアリングのお礼を申し上げ、何度かメールやフェイスブックでやりとりをしているうちに少しずつ親睦を深めることができ、今では二人で食事に出かける関係になりました。

もちろん、同じようにして断られたことだって何度もあります。

ですが、やらなかったことでご縁が生まれなかったことを後悔するよりも、やって後悔するほうがいいというのが私の信条です。実際にこうすることで出会い、対話し、関係を築き、深めてきたコネクションがたくさんあります。

人から相談があったら、まず面倒だと思わずにありがたいと思ってみましょう。

その上でどうしても応えられないことは断るしかないと思います。

しかし、立ち止まって考えてみて、自分にとって新しいチャレンジになりそうなことはぜひ積極的に受け止めてみてください。

ルーティンワークからはみ出して未体験のことに挑戦するのは自分を鍛えるいい機会になりますし、**依頼されなければ出会わなかった人とのコネクションにもつながる**のです。

自分で、やろう

コネ持ち父さんは難題が大好物です。

難しい依頼を頂戴したときほど得した気分になります。

課題が難しいと感じるのは、その時点での自分に知識なり、技術なり、ネットワークなりが足りていないからです。

そう考えると、自分にとって難しいと感じる課題に取り組むことは、まさにその差分を埋めようとすることです。そのギャップを埋める努力を重ねることによって人は実力を身につけていくことができるのだとコネ持ち父さんは考えます。

しかし、私たちはえてして難しいことや手がかかることは外注してしまいがちです。

そうすると、きっと目先の仕事はスムーズに終えられるでしょう。ですが、**実際に汗をかいて自分自身でやってみない限り、知識・技術・ネットワークが血肉になることはない**のです。

私は今でこそ、育成の視点からなるべく後輩に仕事を任せなければならない立場になっています。しかし、二〇代・三〇代の頃の私はなるべく意識的にアウトソーシングしないようにし、やったことがないことは必ず最低でも一度は自分でやってみるようにしていました。

お茶汲みやコピーも大切な仕事で、人にお願いできるようになるまでまずは自分でやりました。その他にも、たとえばイベントを企画するときはイベント会社さんに対してまるごとお任せするのではなく、自分で運営マニュアルをつくったり、当日の台本を書いたりしてきました。

また、イベントにゲストを呼ばなければならないときは、すぐにゲストをブッキングしてくれるキャスティング会社さんにお願いするのではなく、マネジメント会社さんと直接自分でゲストの出演交渉するようにしていました。条件が折り合わないと断られ続けても、そこで結果的に仕事につながらなくても、自分でやることによって多くの関係者さんに顔

と名前を覚えてもらうことができました。

こうした若い頃の人とのつながりの積み重ねは、後からボディーブローのように効いてきます。

あるとき、最近プロジェクトがもめているから、調整に入ってもらえないかという依頼をいただきました。「気が重いなあ」と思いながら現場に向かうと、なんと！ 驚いたことに以前私が直接ゲストの出演交渉をしていたときに親しくなったマネージャーさんが打ち合せにいらっしゃったのです。

そこでお互い「なぜここにいるんですか？ 懐かしいですね！」という案配で、炎上会議のはずが一気に旧交を温め合う場になり、トラブルの原因や双方の言い分を調整しながら穏やかに事態を沈静化することができたのです。

こうした出来事は一度や二度ではなく、その都度、自分でしこたま汗をかいてやったことは必ず後になって返ってくるということを私は学んできました。

知識や技術は読書や自己研鑽で身につく場合もありますが、特にネットワークに関して

はまだ会ったことがない人とは実際に会って話さない限り決して新しく関係を開拓することはできません。

私が今の会社に入ったのは、就職活動中に出会った先輩方の人柄に魅了されたからです。ですが、就職先として広告代理店という業種を選んだのは、当時「広告」が好きだったからではありません。「代理店」に入りたかったからなのです。

その頃の私は、「代理をする」ということは誰かの代わりに「自分でやる」ということだと解釈していました。そして、せっかく会社に入るなら、自分でやって、少しでも多くの知識・技術・ネットワークを身に付けたいと思ったのです。

もちろん何でもかんでも自分でやるべきだと申し上げているわけではありません。効率や専門性の観点から協力会社さんにお願いしたほうがいいことや、育成の観点から後輩に任せたほうがいいこともあると思います。

しかし、難しくても成長につながると思うことは、今でもチャンスだと思って積極的に取り組むようにしています。

「万年幹事、万年下座」でいいじゃないか

さて、少しずつコネクションができてきたとします。

そうなると、コネ持ち父さんとコネなし父さんはどうするでしょうか。

コネなし父さんはコネクションを自分で囲い込もうとするのに対して、コネ持ち父さんは惜しみなくコネクションを人のために役立てようとします。

また、コネなし父さんは、面倒なので人にコネクションを提供するようなことはできるだけ避けようとします。

一方、コネ持ち父さんは大切な人のために食事会や飲み会を開催して、自分が大事にしているコネクションを積極的に提供します。

ひとことで食事会や飲み会と言っても、日々のストレス解消、歓送迎会、打ち上げ、接待、合コン、同窓会など、その目的や形態は本当に多種多様です。

そうした会を企画する際、コネ持ち父さんはおおよそ**「七対二対一」**の比率を守るように心がけています。

これは、コネ持ち父さんが出席する会の比率で、**幹事の会が「七」、非幹事の会が「三」、そのうち「二」がお招きいただく会、残りの「一」が会社（所属組織）関連の会**というイメージです。

人間誰しもストレスを発散したり、仲間と一つのことを成し遂げたりしたら、おいしい料理やお酒で気持ちいい時を過ごしたいものです。コネ持ち父さんといえども、もちろんそうした会に参加することはあります。

しかし、人生の時間は有限です。目先の誘惑や快楽に流されてばかりだと、あっと言う間に貴重な時間を使い果たして歳をとってしまいます。

そこで、コネ持ち父さんはあらかじめメリハリをつけるようにし、食事会や飲み会全体のうちの一割は会社関係の仲間たちと思いっきり楽しむための時間に割り当てるようにし

ているのです。

それ以外の大部分である七割はコネ持ち父さんが幹事を務める会です。メンバーを考え、場所、メニュー、空間などを頭の中にイメージし、みなさんに喜んでもらえるような会を企画します。会のメインディッシュは何と言っても「人」です。

単に普段から仲がよいメンバー同士で盛り上がるだけでなく、**相性がよさそうだと思う人の組み合わせを考えて声がけし、参加者に新しいコネクションを提供する**ようにしています。

最後に、残りの二割はコネ持ち父さん以外の人が幹事になって父さんが招待される側になる会です。

コネクション提供の会を開いているとやがて逆に誘っていただける機会も増えてきます。幹事がせっかく自分の存在を思い出してお声がけしてくださっているのですから、家の用事や先約がない限り、コネ持ち父さんはできるだけノリよく参加できるようにしたいと考えて、会社関係者の飲み会の倍の比率を配分しています。

コネ持ち父さんが参加する会の比率

幹事は厄介な役回りだと思っている人がいるかもしれません。確かに時間や手間がかかるのは事実です。

しかし、考えようによっては自分に会の主導権があるわけです。自分の好きなタイミングで、好きなお店を選び、好きな人たちと過ごすことができるのですから、これほど幸せなことはありません。

さらに、そうやって自分で先に企画していけば、充実した会だけで自分の予定を埋めることができるのです。おつきあいに引きずられてしんどい会に出なければならないことがあるのなら、自分から幹事になって手際よく企画して先に予定を入れてしまったほうがよっぽど楽しく有意義な時間を過ごせるのではないでしょうか。

しかも、自分にとって大切な人同士をつなげることでゲストみんなに喜んでもらうことができるのですから、**幹事ほどおいしいポジションはない**と言っても過言ではありません。

コネ持ち父さんは「万年幹事、万年下座」を厭わず、進んで引き受けるのです。

幹事修行はお店のレパートリーを増やす大チャンス

コネ持ち父さんのお手本を書いておきながら、会社に入って間もない頃の私は当然下っ端で、先輩から幹事を言い渡されると、実は「ああ、嫌だな、めんどくさいな〜」といつも心の中でぼやいていました。

広告会社はサービス業なので宴会といえども厳しい先輩の目が光り、「あそこがダメだ、ここがダメだ」と指摘されては「そこまでおっしゃらなくてもよいのでは…」とよくへこんだものです。

しかし、今にしてみればそれは先輩方の愛情で、今の自分が日々対外的に幹事を務めるようになると、たとえやらされてでも当時たくさんの場数を踏ませてもらってよかったと思っています。

それに、私は今でも幹事業に悪戦苦闘することがあります。

幹事が決断しなければならないことは山ほどあります。

ゲスト、場所、時間、メニュー、接客、雰囲気、価格、キャパシティ、付帯設備など…。

誰と誰の相性がよさそうか。どんなテーマで開催しようか。忙しい人もいるから開始時間は遅めにしようか。


特にお店選びは最も悩ましいテーマです。

職場と自宅の場所を考えると都合のよさそうな場所はどこだろうか。あの人はワインが好きだからワインの品ぞろえがいい店にしようか。でも、接客を考えるとあそこかな、ここかな。雰囲気で選ぶとあのお店かな。いやいや、それだと割といい会費になってしまいそうだしな～などと考え始めると、よくわからなくなってしまうこともあります。

あらゆる要素を勘案し、インターネットだけでは詳細がわからないので実際に下見に足を運ぶ。「うーん、ちょっと微妙だな」と感じたらまたあれこれ調べて現地に赴く。

よく知っているのでここでやっておけば失敗ないというお店もあるでしょう。そこを何度も使い回すこともできます。しかし、**自分で骨を折らないとお店のレパートリーは増えません。**

自分が幹事になったときに慌てるのではなく、普段からお店にアンテナを張っておくことも大切です。世の中には「名幹事」がいるものです。自分が招いてもらった会でも、いいお店だと思ったらしっかり覚えておくと後で役に立ちます。

以前の私は、飲んで楽しくなってしまったら酔っぱらってお店のことはきれいさっぱり忘れてしまっていました。しかし、今思えばたくさんそうした機会があったのに何も記録を残しておらず、随分もったいないことをしてしまっていたなと思います。

また、最近ではグルメな友だちがフェイスブックに投稿しているお店も立派な情報源になります。ただ「おいしそうだな～」と思うだけではなく、気になったらコマメにメモをとっておくのも一つの手かもしれません。

さらに、**多少失敗してもネタにできる同世代の仲間との会は新規開拓で冒険して、失敗が許されない接待では使い慣れた安全なお店を選ぶ**というのも重要なテクニックです。

こんなふうに入念に準備をしても「今日はうまくいかなかった……」と思うことだってあります。そんなときは、一人で反省会をします。

そんなトライアル&エラー（試行錯誤）を繰り返すことで、幹事としての腕が磨かれていくのです。

幹事は楽ではありませんが、調べれば調べただけお店について詳しくなりますし、やればやっただけ飲み会のプロデュース力が向上し、貢献力がアップします。

やがて頭の中にストックができれば、短時間で的確な判断を下すことができるようにもなります。

そうした意味で、よく「若い頃の苦労は買ってでもしろ」と言われますが、私は**「若い頃の幹事は買ってでもしろ」**だと思っています。

「才人の合コン」を企てる

みなさんは合コンの幹事をしたことはありますか？

学生時代からもっぱら「男飲み派」で華やかな合コンとは縁遠かった私が申し上げるのもなんですが、合コンの幹事は「あの女性とこの男性の気が合いそうだな」とか、「あのメンツだと会が盛り上がりそうだな」という具合に、参加者みんなに楽しんでもらえるようにメンバー構成を考えるのではないでしょうか。

合コンが盛況に終わると、男性陣からも女性陣からも喜んでもらえます。男女両サイドから感謝してもらえる存在は唯一幹事だけです。

コネ持ち父さんが食事会や飲み会を開く際は、ただなんとなく楽しめるメンバーを集めるのではなく、このような合コンの仕組みを活かして**「才人合コン」**を手がけます。

才人の合コンとは**「異なる才能を持った人同士を引き合わせる合コン」**です。
そうした会を成功させる最大の鍵は**「メンバーがつながる共通の目的を考える」**ということです。

たとえば私の場合は、しばしば有識者（著者や専門家など）とメディア関係者の方々をお誘いして会を開催します。有識者にとってはメディアを通じて自分の考えを発信することができるのは魅力になり、メディア関係者にとっては発信するためのコンテンツ（ネタ）を持った有識者にメディアに出ていただけるのが魅力になります。

この場合、幹事は「情報発信」という両方の利益をマッチさせることで、男女の合コンと同じように両方の参加者に喜んでもらうことができるのです。

組み合わせは無限大です。

「おいしい食材をつくることに人生をかけている生産者」と「よい食材を探し求めている料理人」、「才能があって書籍を出版したいと思っている著者の卵」と「新人を発掘しようとしている出版社」、「センスはあるがブレイク前のクリエイター」と「スポンサー」、「コラボレーションするメリットがありそうなビジネスパーソン同士」など、近い志を持ち、共通の目的を達成するために意気投合しそうな人をイメージしながら、メンバーを決めて会にお誘いするのです。

男女の合コンの幹事になり、「あの出会いがきっかけで、おつきあいがはじまりました」「私たち、結婚することになりました」という吉報をもらった経験のある方もいると思いますが、才人の合コンでも同じようなことが起きます。

男女の合コンでおつきあいがはじまるように、才人の合コンでもしばしばコラボがはじまります。それが発展すれば、**結ばれた男女から新しい命が生まれるように、縁があった才人同士から新しいアウトプットが生まれる**のです。

これまでに私はいくつかのうれしいご報告をいただいてきました。

「あの会がきっかけで今プロジェクトを一緒にやらせていただいています」

「あのときのご縁で本を出版することができました」

参加者からこんな喜びのメッセージをもらえれば、幹事冥利に尽きます。

幹事の段取り術

幹事をやったことがない方やうまくできないと思っている方のために、コネ持ち父さん流の幹事の押さえどころを整理してみましょう。

実践のステップは次の通りです。

「習うより馴れよ」とはよく言ったもので、気負わずにとにかくやってみてうまくいったら楽しいものです。

○幹事の段取り五つのステップ

ステップ１：開催目的（テーマ）を決める

ステップ２：候補メンバーを検討する

ステップ３：キーパーソンの日程を押さえる

ステップ4：候補者に声がけする
ステップ5：お店を選ぶ

ステップ1　開催目的（テーマ）を決める

最も重要なのが会のテーマ決めです。

ただなんとなく日頃のストレスを解消したり、仲のいい人と飲んだりするだけではなく、人にコネクションを提供するための会を開くのであれば、会の真ん中に置くテーマをしっかり考えておくことが大切です。

これが参加者を集める上での吸引力になります。著者とメディアの会なのか、生産者と料理人の会なのか。**参加者が「何のために集まるのか」を明確にする**ことが幹事の最初のミッションです。

ステップ2　候補メンバーを検討する

会のテーマが決まったら、そのテーマでつながりそうなメンバーに思いをめぐらせます。

「あの人とあの人は気が合いそうだな」「逆にあの人たちは一緒ではないほうがいいかな」

と頭の中でシミュレーションしながら候補者をリストアップします。

ちなみに、コネ持ち父さんは**二時間程度で全員がゆっくり話せる人数の限界は「六名」**だと考えています。八名になると「四名+四名」で二つのグループに分かれてしまいます。

話の中身を濃くしようと思うときは、そこから人数をしぼっていくのがよいと思います。ただし、人数が減るほど間が持ちにくくなるので、そこも計算しておくことが重要です。

ステップ3 キーパーソンの日程を押さえる

あるテーマに沿って会を開くとき、その鍵になるメンバーの日程を最初に聞いておきましょう。

参加者全員のスケジュールを調整しようとして、なかなか開催日程を着地させることができないという経験をされた方も多いのではないでしょうか。しかし、完璧を目指すといつまで経っても日程が決まりません。

思い切って**キーパーソンからもらった日程でまず開催日を固定して、そこに集まることができるメンバーで固める**のも一つのやり方です。キーパーソンが魅力的であれば、日程を調整してでも参加してくれる人も意外と多いものです。

ステップ4　候補者に声がけする

いつ、どんなテーマで、どのような方を招いた会を開くかということが定まれば、候補メンバーに声がけをはじめることができます。

友だちとしての重要度ではなく、**「会のテーマとの合致度」や「先に決まっているメンバーとの相性」を考えながら優先順位に沿って**候補者を誘っていきます。打診した方の都合が合わない場合は、別の方に声をかけていき、あらかじめ設定した会の定員を満たしていくようにします。

ステップ5　お店を選ぶ

ドラマにたとえると、ここまででテーマとキャストが決まっていることになります。次はどんな舞台にするかを決めましょう。

参加者の人数と顔ぶれをイメージし、アクセスのしやすさ、キャパシティ（個室の有無）、メニュー、接客、雰囲気、価格などの各要素を考えてお店を選びます。

先ほども申し上げましたが、インターネットの情報だけに頼るのは危険です。少しでも不安がよぎったら、**面倒でも必ずロケハン**（ロケーションハンティング＝下見）**し、自分の目でお店を確かめましょう。**悲しいかな、たいてい事前の不安は的中するものです。

それから、いいお店ほどすぐに予約がいっぱいになってしまいます。実は私もギリギリまで悩んで予約をとるのが遅くなってしまうことがありますが、そうなるといつももっと早く決断しておけばよかったと思うものです。

ここまでが本番に向けた段取りです。

基本的には誘いたいメンバーの顔ぶれをイメージすることができてからお店を選ぶことをおすすめしますが、メンバー確定とお店選びの順序を逆にしたほうがよい場合もあると思います。それは、先に魅力的なお店の予約がとれていれば、それをネタに集客力アップにつなげることができる場合があるからです。

いずれにしても、いちばん大切なのは**どのようにすれば参加者のみなさんが喜んでくださるかを起点に考える**ことです。

イベントで一挙両得

「才人合コン」の拡大版が「才人イベント」です。

コネ持ち父さんは年に一〜二回自分からイベントの幹事になり、毎回五〇〜一〇〇人の規模で各界から個性豊かなゲストを招きます。

それには、二つの理由があります。

一つ目は、**普段あまりコミュニケーションすることができていない人に会うため**です。

友人や知人とインターネット上でヴァーチャルにつながっているだけでは、次第にパイプが錆びついてしまいます。

しかし、年齢を重ねるにつれ、次第にコネクションが増え、一人ずつ全員と同じように

会おうとしているといくら時間があっても足りなくなってしまいます。

錆びかけたパイプを磨き直したいと思うとき、有効に機能するのが一度にまとまった人数に声がけしてイベントを開催することです。

イベントの幹事になって会いたい友人や知人に声をかければ、たとえほんの少しの時間ずつであっても、一人ひとり面と向かってコミュニケーションする機会をつくり出すことができるのです。

みなさんの中にはしばらく会っていない仲間と久しぶりに同窓会で対面し、瞬時に仲良くしていた当時の感覚を取り戻すことができたという経験をお持ちの方もいらっしゃるでしょう。たとえ一瞬であっても、生身で会話すれば短時間で親しくしていた頃の感覚を取り戻すことができるものです。

このように考えると、**イベントは多くの友人・知人との人間関係をメンテナンスする上でも非常に有益な方法**になるのです。

しかし、いちばん大切なのは集まっていただいた大切な方々に精一杯奉仕することです。

ですから二つ目は、才人の合コンと同じで**大切な人同士を大規模に結びつける**

ことです。やり方は合コンのときと同じです。大勢のゲストの中から、志が近く、意気投合しそうな人同士をおせっかい屋さんのように引き合わせるのです。

イベントを開催すれば、才人の合コンと比べて一度に多くの方々に参加していただけるので、**紹介できるコネクションの手持ちを増やすことができる**というメリットがあります。

一方、一人当たりが会話できる時間が少なくなるので、個々に深い交流につなげるまでには至りません。しかし、小規模な合コンと比べると、思いもしなかった結びつきが生まれて化学反応を起こすこともあります。

このように、才人が集まるイベントを開催するとなればコンパクトな合コンよりも時間と労力を費やすことになりますが、その分一気に人間関係をメンテナンスすることもできますし、参加者に多種多様な才人とのコネクションを紹介することもできるので、まさに「一挙両得」だと言えるのです。

イベントでは蜂になれ

コネ持ち父さんが自らイベントを開催するいちばんの目的は、ゲストと一緒においしいご飯やお酒を楽しんでくつろぐことではありません。

ゲストにコネクションを提供することです。


そこで、コネ持ち父さんは自分がホストになるイベントでは、〝蜂〟になって会場内をブンブン飛び回るように心がけています。

ご存知の通り、蜂は花の授粉に貢献する昆虫です。花の蜜を吸う際、蜂はおしべで自分の体に花粉をつけます。そして、別の花に飛び移るとき、花粉をめしべへと運びます。そこで植物は受粉し、やがて種子ができます。

人間もまったく同じです。才人の合コンの項目でも書きましたが、**一つの共通目的**

のもとに才能と才能が結びつくことによって、新しい「未来のタネ」ができると私は考えています。

受粉の要領は才人の合コンと同じです。

イベント会場でゲスト全員の顔、性格、職業、強みなど、すべて知っているのはホストだけです。誰を呼んでいるかは事前に頭の中に入っているわけですから、まず、**結びつけるカップリングをあらかじめ想定しておく**ことです。それを達成するまでは、くつろいでいる時間はありません。会が始まってから終わるまで、会場を所狭しと八の字に飛び回り、ゲスト同士を結びつけていきます。

もともと知り合いのゲスト同士を除いて、会が始まる前からつながっているのはホストとゲストです。ゲストとゲストはつながっていません。社交的で自発的なゲストが周りのゲストに声をかけても、運よく求め合う者同士でない限りは、その場限りの名刺交換になってしまうことがほとんどであるように思います。

ですから、ゲストにコネクションを提供する目的でコネ持ち父さんが主催するイベント

には、ほとんど余興がありません（もちろん「参加者みんなで食べて飲んで余興を楽しもう！」という趣旨で開催する会は別です）。あっても一つか二つです。

そして少しでも多くの受粉を成功させられるように、**歓談タイムに余裕を持たせる**ようにするのです。

私はイベントでこのように立ちふるまうことで、参加していただいた方から書籍がベストセラーにつながったという連絡を頂戴したこともあります。

自分が〝働き蜂〟になってせっせと才能と才能を受粉させることによって、次の時代を担うタネができ、やがてまた新しい花が咲くのを見届けることができるほどうれしいことはありません。

主催イベントでは参加者同士を受粉させる蜂になる

ゲストをひとりぼっちにさせるな

初めて会う人に笑顔ですぐに打ち解けられる人もいれば、人見知りでなかなかそうできない人もいます。人見知りの人は、もしかすると「親しい主催者の誘いなら！」と苦手な人が多い環境の中に勇気を出して会に飛び込んできてくれたのかもしれません。イベントを開催する以上、ゲストをひとりぼっちにさせてはいけません。

明らかにそうなるかもしれないけれど、ぜひ参加して欲しいと思うゲストがいる場合は、**事前に「同伴可能」にして、親しい人と一緒に参加できるようにケアする**のも一つの手でしょう。誰でも同伴可能にすると会の趣旨が薄まってしまうので注意が必要ですが、多少であれば、ゲストの同伴者と新しくつながれるというメリットを得ることができるのです。

イベントでは、自分が会いたい人たちと会っているわけですから楽しくて当然ですが、イベントのホストは常にライフセーバーが海水浴に来たお客様を見守るように、ゲスト一人ひとりの様子に気を配ることが大切だと私は考えています。

コネ持ち父さんはパーティー全体が盛り上がっているなと思っても、一人ひとりのゲストまで目を配るように努めます。そして、全体の雰囲気に馴染めず、ひとりぼっちか、もともと知っているメンバーだけで固まっているゲストがいることに気づきます。

そんなとき、つい自分が話しかけにいってしまいがちですが、コネ持ち父さんは**話が合いそうなゲストを紹介**します。どのような人を紹介したら喜んでもらえるか、ゲスト全員に思いを巡らせ、しかるべき人を思いついたら、その人にパッと声をかけて引っ張っていき、馴染めていない人のところに行って共通の関心事を話題にして引き合わせます。

イベント全体の雰囲気に馴染めずにいても、特定の人と興味を持っていることが近いとわかると、人見知りの人も話しやすくなるものです。

そうした意味で、イベントを企画する際には、むやみに参加人数を増やすのではなく、

全体に目が届く人数にしておくことも重要です。人と人とをつなげることを目的にする会ならば、**五〇名から一〇〇名が理想**だとコネ持ち父さんは考えています。少な過ぎても紹介できる幅が限られ、新しい出会いを十分に提供することができませんし、多過ぎても幹事として一人ひとりを十分にケアすることができなくなってしまいます。

イベントを主催する際にいちばん大切なのはゲストに喜んでもらうことですから、適正人数を見極め、ゲスト一人ひとりのキャラクターをイメージしながら集客していきましょう。

イベントの幹事と言えば、ともすれば浮ついたイメージがあるかもしれません。しかし、知力と体力の両方が必要なスーパーハイレベルな任務だとコネ持ち父さんは考えています。

コネ持ち父さんは「誰と誰の会話を盛り上げようか？」「一人寂しそうにしている人はいないだろうか？」などと**頭をフル回転させながら体を使って走り回り、あっちの人とこっちの人をコネクトしていく**のです。

「はぁ〜、楽しかったぁ〜」ではなく、「はぁ〜、疲れたぁ〜」と感じられる会にできてこそ、コネ持ち父さんにとってはいいイベントだと言えるのかもしれません。

参加者こそがいちばんのコンテンツ

みなさんがイベントを開催しようとするとき、どのようにゲストを招待しますか？　たいていは開催概要を決めたら、ゲスト候補をリストアップして一斉にお声がけするのではないでしょうか？

フェイスブックでつながっている友人・知人からは日々一斉招待を受け取りますし、私も幾度となくイベントの裏方をしてきましたが、ＶＩＰを除いて一斉に案内するというのが一般的であるように思います。

しかし、コネ持ち父さんはそれとは少し違うやり方をしています。

一般的な「一斉招待」に対して、コネ持ち父さんは一人ずつ「個別招待」をしていくのです。

なぜなら、自分のコネクションを提供するイベントの最大のコンテンツは「人」だからです。

「食べ物の恨みは恐ろしい」という言葉があるように、まず料理やお酒の準備に抜かりがあってはなりませんし、魅力的な余興の企画もゲストに楽しんでいただくために重要な要素であることは間違いありません。

しかし、そもそもコネクションを提供する目的のイベントで、自分が紹介できる「人」がいなければ魅力的な会が成立しません。つまり、**イベントで何よりも大切なコンテンツになるのは「参加してくださる方々」**なのです。

もしあなたに圧倒的な人気か人望があれば、一斉案内でも多くの魅力的な方々が参加してくださるでしょう。しかし、私もそうですが、著名人か相当な人徳者でない限り、なかなかそういうわけにはいきません。

そこで、**ぜひイベントに来ていただきたい人には、個別に連絡をする**のです。

これからコネ持ち父さんが実際どのようにして集客しているのかについて紹介したいと思います。

① コアメンバーを固める

コアとは「核」のことです。言い換えれば、「中心、かなめとなる部分」のことです。

イベントでも、まず中心になるコアメンバーを招待します。「自分に声がかからない」「他の人から先に声がかかっているようだ」ということがわかると、自分は「呼ばれていない」「重視されていない」と思われる方がいらっしゃるかもしれません。

しかし、コネ持ち父さんがコネクションを提供する目的でイベントを開催する場合は、必ずしも親しさを基準にゲストを会に招いているわけではありません。最初に会のテーマを設定し、その中で鍵になる方をコアメンバーとして位置づけているのです。

コアメンバーとは**「おっ！　あの人が来られるなら、予定を調整してでも行きたいな！」と思われるような人**です。

たとえば、ビジネスであれば各業界の「トップランナー」や「カリスマ」のような方であり、プライベートであれば周りからの人望が厚い方が当てはまるように思います。

このように、まずコアメンバーをがっちり固めることができれば、その後の集客が格段にスムーズに進むようになります。

②組み合わせをシミュレーションする

コアメンバーの出席が確定したら、どのような趣旨で、どのような方が参加してくださる会であるのかを、会のテーマに関心がありそうで、ぜひコアメンバーにおつなぎしたいと思う方々から一人ずつ声がけしていきます。

五〇人以上の方に参加していただこうとすると、すべての招待文をゼロから書くのは相当な労力と時間を要するので、ある程度は定型文をつくっておいてもよいと思います。

しかし、その人に来て欲しい理由が明確にあるなら、宛名だけをかえてすべてがコピペ（コピー&ペースト）になるはずはありません。コピペされた当たり障りのない文章を受け取った人は自分もその他大勢と同じように扱われているとわかるものです。

全文とは言わず、たとえほんの数行でもよいので、**なぜその人に来てもらいたいのか、しっかりと個人に対する思いを伝える**ようにしましょう。

③人を魅力にして人を引きつける

最後に、定員まで参加人数を積み上げていきます。ここでも焦ってはいけません。

一人ひとり丁寧に現状の参加表明者との相性をイメージしながら追加で声がけしようと

思う方を吟味するのです。そして、**追加招待する方に対して最新の参加状況を示し、「あの人も来るなら、私も行きたいです！」という参加回答を地道に積み重ねていく**のです。

参加表明が一つひとつ積み上がるというのは、イベントで最も大切なコンテンツである参加者の質量が高まることと同じです。「参加者」という人の魅力を会の目玉にすることで、イベントの集客力を高めていくことができるのです。

ちなみにフェイスブックのイベントページを使う場合、私はいきなり一斉に招待するのではなく、一人ずつ個別にお誘いして、参加表明していただいた方だけにイベントページの招待を出すようにしています。「人」がメインディッシュのイベントを組み立てる際にはとにかく集客に全力で取り組むことです。

そのためには、**一人ひとり異なる「お越しいただきたい理由」を考え、誠意を尽くしてお声がけしていく**のが豪華メンバーの集うイベントを組み立てる最大のコツだとコネ持ち父さんは考えています。

ソーシャルメディアを駆使すればカンタン!

とは言え、五〇~一〇〇人規模のイベントを実施するなんてかなりタイヘンだと思われますよね。

理想はわかるけれど、自分が主催するエネルギーなんて湧いてこない。

そんなふうに思われる方がいらっしゃるかもしれません。

でも、時代は変わりました。ソーシャルメディアが普及してからというもの、イベントを開催するのは圧倒的に簡単になったのです。コネ持ち父さんはソーシャルメディアをスイスイ使いこなして気軽に効率よくイベントを開催します。

私も数年前までは自前でイベントを開催するなんて相当しんどいことだというイメージを持っていましたが、ソーシャルメディアを使いはじめてからその印象がガラリと変わりました。

　ソーシャルメディアは個人が情報発信できるメディアとして注目を浴びてきましたが、イベント開催にあたっては**「連絡網」としての機能**の恩恵は計り知れません。

　それまでは、ちょっとしたイベントを開こうと思うと、大量の名刺を机の上にひっくり返し、お招きしたい方の連絡先を探し出す。そこから一つひとつ名刺のメールアドレスを入力して案内文を送る。何人かの方はすでにアドレスが変わっていて届かない。さらにはアドレスを確認しながら入力しても、人間なのでいくつかはスペルミスでメールが戻ってきてしまう……。

　やっとすべて送信完了！

　でも、それで安心するのはまだ早い。出欠の返信メールは大量のメールの中に埋もれて、逐一メモをとっていないといつ見落としてしまうかわからないという始末。

　一斉メールだとすでに参加表明をいただいている方にも何度も催促になる文面を送ってしまうことになるので、返事がない場合はまたアドレスを探して個別に声がけする。

　ああ、イベントとはなんと手間がかかるものだったのでしょう！

ところが、そんな状況に対してソーシャルメディアは革命を起こしました。

一人ひとりメールアドレスを探さなくてもすぐに連絡ができる。スペルミスをすることもアドレス変更でメッセージが届かないこともない。フェイスブックのイベントページをつくって招待を出せばいつでも最新の出欠状況を確認することができるので、出席予定者を見落とすこともなくなったのです。

大掛かりなエンタテインメントをゲストに楽しんでいただく目的のイベントなら別ですが、コネクション提供を目的としたイベントを開催するのであれば、たった一人でほんの少しだけ時間を使えば、誰でも手軽にイベントを企画し、実施することができるようになったのです。

実際に私は、無駄に周囲の時間を頂戴して迷惑をかけないように、本番の受付など一部の協力要請を除いて、ほとんどを一人で企画から実施まで行うようにしています。

押さえることは、たったの三つだけ。

・目的、時間、場所、ゲスト候補、人数、会費を決める

・フェイスブックのイベントページをつくる
・フェイスブックのメッセンジャーを使ってゲスト候補に声がけして出欠をとる

たったこれだけです。

もし「イベントを開催すること＝一大事！」というふうに思われているなら、騙されたと思って一度試しにやってみてください。

それは、過去の感覚だったと実感していただくことができると思います。

誘い上手な文章のツボ

一生懸命イベントを企画するからには、意中のゲストに「ぜひ参加したい！」と思ってもらいたいですよね。

相手から「イエス」の返事を引き出すには会の中身を考えることはもちろん、上手にお誘いすることも大切です。

そこで、コネ持ち父さんが実践している**「出席率をアップさせる招待文章の書き方」**を紹介したいと思います。

仮に、みなさんが所属している業界やコミュニティのイベントを開催することになったとしましょう。

典型的な招待状は次のような文章ではないでしょうか。

タイトルの○○の部分には、ファイナンシャルプランナーの会、飲食業界関係者の会、セールス担当者の会など自分の身近な会の名称を当てはめて読んでみてください。

一般的な招待状の文例

○○会のご案内

時下益々ご清祥のこととお慶び申し上げます。
このたび私山田が発起人となり、○○会を開催する運びとなりました。
○○業界で活躍されている方々を多数お招きして懇親の夕べを催したいと考えておりますので、ぜひご出席いただけますようお願い申し上げます。
なお、準備の都合上八月二日（火）までに出欠を幹事までご連絡ください。

発起人 山田太郎

記

日時 平成二八年八月九日（火） 一九時〜二二時

（一八時三〇分から開場になります。受付にて会費・お名刺を頂きます）

場所 〇〇（住所・電話番号）

会費 〇〇円（領収書を発行いたします）

幹事 山田太郎　連絡先 〇〇

いかがでしょうか。

決して致命的な問題がある文章ではないですよね？

その一方で相手に是が非でも参加したいと思ってもらえるほど強い内容でもありません。

これから相手に「ぜひ行きたい！」という気持ちになってもらえる文章を書くための三つのツボをご紹介します。

効果的な招待文のツボ1　一対一

どれだけ丁寧な文章であってもコピペの「一対多」の文章だと、その人に来てほしいという気持ちが伝わりません。

しかし、どのゲストに誰を紹介したいかなど、ゲストごとに「来ていただきたいと思う理由」が異なるはずです。

まず個別に顔を思い浮かべて固有名詞で語りかけましょう。

そして、**「一対一」で自分がぜひ相手に来てほしいと思っている理由をはっきりと伝える**ことで、メッセージを受け取った人の心を動かすことができるのです。

○文例

「普段お世話になっている○○さん（相手の名前）にぜひお越しいただきたいので」

「ぜひ○○さん（相手の名前）に会っていただきたい●●さん（できるだけ具体名で）もお招きしておりますので」

「このテーマを考えたとき、真っ先に頭に浮かんだのが○○さんであり」

効果的な招待文のツボ2　相手目線

招待状の例文（191ページ）を意識して読んでください。何か気づいたことはありませんか？

そうです。主語がすべて「自分」になっていますよね。これでは幹事の都合を書いているだけです。

このたび私山田が発起人となり、**（自分が）**○○会を開催する運びとなりました。**（自分が）**○○業界で活躍されている方々を多数お招きして懇親の夕べを催したいと考えておりますので、ぜひご出席いただけますようお願い申し上げます。

これに対して**相手の気持ちを考え、相手から見て魅力的に思える内容を盛り込む**ようにしてみてください。

そうすることで、「幹事が自分のことをよく考えてくれているんだな」と思ってもらえる文章にすることができます。

○文例

「（あなたが）お忙しいと存じますが」

「（あなたが）ご多忙を極めておられるとお察し申し上げますが」

効果的な招待文のツボ3　断りやすさ

参加回答率を上げるために「断りやすさ」とはどういうこと？

そう思われた方もいらっしゃいますよね。

「出席できるかできないか」だけを確認する無機質な文面よりも「もし今回は参加することができなくても、お気になさらないでください。これからも変わらずよろしくお願いします」という気持ちのこもった一文を盛り込むだけでも、相手からは気配りができる幹事だと思ってもらえるのではないでしょうか。

断るという行為にはエネルギーがいるものです。

欠席回答の際「懲りずにお誘いください」という一文を添えてくださる方がいらっしゃいますが、**相手に気をもませないように配慮した文章**が書けると、今回たまたま相手に先約があって出席してもらえなかったとしても、次回以降の出席回答率を向上させることにつながっていくでしょう。

◎文例

「かなう、かなわないにかかわらず、引き続きよろしくお願い致します」
「駄目でもともとのお誘いですので、決してご無理はなさらないでください」

最後にこれらを踏まえた改訂文章を添えておきます。

◎コネ持ち父さんの招待文の文例

○○さん
こんにちは。ご無沙汰しております。
このたび私山田が発起人となり、○○会を開催することになりました。
○○業界で活躍されている方々を多数お招きして懇親の夕べを催したいと考えております。
ぜひ○○さんに会っていただきたい方もお招きしておりますので、もしご関心が合致し、ご都合をつけられますようでしたら、ぜひご検討ください。
また、かなう、かなわないにかかわらず、引き続き何卒よろしくお願い致します。

発起人　山田太郎

— 実践の書 —

ステップ3

おコネ持ちスパイラルを起こす

{ CONNECTED DAD, UNCONNECTED DAD }

MAKING A CONNECTED SPIRAL

「無欲のギブ」がリターンを呼ぶ

「わらしべ長者」の主人公は、自分が持っているモノを人助けのために惜しみなく提供することで、結果的にさらにグレードアップしたモノのリターンを得ることができました。そして、人への貢献を繰り返すことで「ブツブツ交換」のスパイラルを起こし、最終的に大金持ちになったのです。

コネ持ち父さんは「わらしべ長者」に倣い、人助けのために自分が持っているコネクションを惜しみなく提供します。その結果、期せずしてさらにグレードアップしたコネクションのリターンを得ることになります。そして、人への**貢献を繰り返すことにより、「コネコネ交換」のスパイラルを起こす**のです。

ところがコネなし父さんは、そもそも細いコネクションしかつくれていないのですが、それを自分のものにしようとします。当然そこからはリターンもなければ、「コネコネ交換」のスパイラルが起きることもありません。

私が実際に体験したエピソードを一つご紹介しましょう。

私が尊敬していると同時にたいへんお世話になっている方の一人に作家の鈴木光司さんがいらっしゃいます。鈴木さんの代表作である『リング』や『らせん』は、国内はもとよりハリウッドでも映画化され、世界的に有名になりました。

私はホラーが好きだったというわけではありませんが、圧倒的な筆力に魅了され、大学時代から鈴木さんのファンの一人でした。

そして、あるとき仕事を通じてお世話になった大学の先輩にお誘いいただき、鈴木さんが登壇されるイベントにうかがいました。

ですが、当時の私が勇気を出して話しかけてもミーハーなファンの一人に過ぎないので、鈴木さんの記憶に残らないと思い、そのときは臆してしまい何もせず帰路につきました。

ところが後日、私が幹事を務める別の少人数の集まりに、その先輩が鈴木さんと一緒にお越しくださったのです。そこで話が盛り上がり、以来何度か食事をご一緒させていただく関係になりました。

そして、二〇一三年七月に鈴木さんの作品『エッジ』が、米国シャーリー・ジャクスン賞（心理的サスペンス、ホラー、ダークファンタジーのジャンルにおいて最も優れた小説に贈られる文学賞）の長編賞を日本の小説として初めて受賞するという出来事がありました。その際、私は鈴木さんに喜んでもらいたいと思い、鈴木さんゆかりの方やメディア関係者をお招きし、受賞祝賀イベントを開催させていただいたのです。

このようなおつきあいを重ね、さらに鈴木さんとの関係が深まった二〇一五年の夏、鈴木さんが長女の美里さんと親子初の共著『野人力 オヤジが娘に伝える「生きる原理」』（小学館）を出版されることになり、せっかくなら鈴木さんと関わりが深い方々を大勢お招きして盛大にお祝いしようということになりました。

ゲストは主に幹事の私から招待させていただくことになったのですが、そのとき鈴木さんご本人から何名か仲間同伴で行きたいとのお申し出がありました。

そして迎えたパーティー当日、鈴木さんが会場に数名の編集者さんをお連れになったのです。

「おう、川下くん、俺の仲間を紹介するよ」

鈴木さんからそう紹介されたのは、日本中を席巻し、ハリウッド映画になった『リング』の編集や映画化を手がけてこられたカドカワの〝レジェンド〟の方々でした。

大学四年生の頃、それまで邦画にまったく関心を持っていなかった自分が、大学のゼミ仲間が借りてきた映画版『リング』のビデオを研究室で一緒に観て、日本にこんな作品をつくる人がいるのかと大きな衝撃を受けました。それがまさか、実際に制作に携わった方々に会える日が来ようとは、学生時代の私は夢にも思っていなかったことでしょう。


こうした出来事から、まさに「わらしべ長者」のように、コネクションにおいても**「無欲のギブ」はリターンを呼び込む**ことがご理解いただけるのではないでしょうか。

ただし、下心が見え見えのギブだと人が引いてしまうことは言うまでもありません。「コネ持ち父さんの教え」の章でも書きましたが、下心があるギブだとリターンはどんどん小さくなり、レベルダウンしていく「コネコネ交換」になってしまいます。

「カネは天下の回りもの（今はなくてもいつか回ってくる）」と言いますが、**「コネも天下の回りもの」**です。大切なのは、**目先のことに見返りを期待せず、ピュアに相手に対して貢献しよう**と思うことなのです。

「目先の利益」に目を奪われない

そうは言っても、いつ返ってくるかわからないリターンよりも目先の利益を求めるほうが手っ取り早く成功できるのではないかと思われるかもしれません。才人のイベントなんて主催している暇があれば、自分の現在の仕事に直結するコネクションをつくり、すぐにお願いしたほうが早く仕事で成果を出せるのではないか、というわけです。

ダイエットをしていて、将来のスリムな自分よりも目先の甘いものを選んでしまうように、「将来の利益よりも目先の利益を選ぶこと」を行動経済学では「現在バイアス」と言うそうです。

「将来十万円になるかもしれない一万円」と「目先の一万円」、将来お金持ちになるのはどちらを選ぶ人でしょう?

「コネ」も「カネ」と同じで、コネなし父さんは現在バイアスに支配され、「目先の浅いコネクション」を得ようとします。

その反対に、コネ持ち父さんは現在バイアスに支配されず、「将来の深いコネクション」を得ようとします。

ここで「教えの書」で紹介した水路の例を思い出してください。コネなし父さんは目先のわずかな水の誘惑に負け、毎回直接水源まで水を汲みに行っては、すぐに飲んでしまいます。しかし、コネ持ち父さんは将来の潤沢な水を引き込むために、水路をつくろうとするのです。

みなさんはどちらを選びますか？

長い目で見ればどちらが得か一目瞭然ですよね。

「功」と「徳」を合わせた「功徳」という言葉がありますが、コネ持ち父さんは目先の利益に目を奪われないようにいつも次の言葉を心に刻んでいます。

功は今を照らし、徳は晩節を照らす。
功に溺れて、徳を見失うことなかれ。

目先のコネクションを使って「功」を成せば、一時的に一筋のスポットライトが当たるかもしれません。しかし、それは長い人生においては一瞬に過ぎないでしょう。

一方、一人ひとりの関係を大切にすることで「徳」を成せば、あなたのことを沿道から応援してくれている仲間たちが、それぞれのライトであなたの人生の道を照らしてくれるようになるのです。

「マタイ効果」で大きな仕事がやってくる

みなさんは「マタイの福音書」をご存知でしょうか。

『新約聖書 マタイの福音書』の一三章一二節には、このように書かれています。

誰でも、持っている人は更に与えられて豊かになるが、持っていない人は持っているものまでも取り上げられる。

この一節にちなんで科学社会学の創始者と言われるロバート・マートンはかつて**「好機に恵まれた人ほどさらなる好機に恵まれやすくなること」**を**「マタイ効果」**と呼んだそうです。

その後二〇〇九年に、ベストセラー著者のマルコム・グラッドウェルは『天才！ 成功

する人々の法則』（講談社）の中でカナダのアイスホッケーをめぐって起きている現象を例に挙げながらマートンが提唱したマタイ効果について紹介しました。

グラッドウェルは強豪チームの選手年鑑を見て「選手の誕生日が一月〜三月に集中している」という共通点に気づきます。日本では学年を四月から三月で区切りますが、カナダでは一月から一二月で区切ります。

つまり、カナダでは同じ学年でも、一月から三月頃に生まれた子どもたちは他の子どもたちよりも体が大きく身体能力が高くなるのが早いため、学年内での競争が非常に有利になります。

大人と比べて子どもにとっての一年は肉体的に大きく成長することを考えると、一月生まれの子どもと一二月生まれの子どもではほぼ一年の差がついてしまうということになります。

その結果、早く生まれた子どもたちは同じ学年の中の競争に勝ち、選抜されて強豪少年ホッケーチームに入ります。そうした環境の中で、長時間の高度な練習を経て強い選手がさらに強くなっていくのです。

一方、選抜されなかった子どもたちは弱小チームに入り、しっかりとした練習の機会も少なく、強豪チームとの差がどんどん開いてしまいます。

このような例をもとに、グラッドウェルは「成功している人は特別な機会を与えられる可能性がもっとも高く、さらに成功する」と言っています。

みなさんの周りを見渡してみてください。

仕事ができる人にどんどんやりがいのある仕事が集中していき、その人はもっと仕事ができるようになり、さらにやりがいのある仕事がくるようになる。

一方、仕事ができない人はどんどんやりがいのある仕事を取り上げられていくという状況が生じていないでしょうか？

それがまさに「マタイ効果」です。

コネ持ち父さんは**コネクションづくりにもマタイ効果が起きる**と考えています。

コネ持ち父さんは自分が持っているコネクションを人のために役立て、そのリターンで

新しいコネクションを得ます。

そして、コネクションを提供し、コネクションを得る「コネコネ交換」を繰り返すことで、少しずつコネクションを充実させていきます。

コネクションが増えると、つながっている人たちの力を借りてそれだけ多種多様な課題を解決することができるようになります。

すると、コネクションがある人にどんどん相談や依頼が集中していき、そのリターンでまた新しいコネクションができます。

その結果、**コネ持ち父さんのコネクションは自然にどんどん拡大していき、仕事でも社外の人との協力が不可欠な大きなプロジェクトなどを任されるようになる**のです。

一方、コネなし父さんは人のために役立てられるコネクションを持っていません。

それに、コネコネ交換をしようともしないので、コネクションは充実しないままです。

当然のことながら、コネクションが少ないと、自分の力で何とかなる課題しか解決することができません。

そうなると、コネクションがない人には相談や依頼が発生しないので、リターンとして新しいコネクションを得ることができません。

その結果、コネなし父さんは一人でできるような仕事しか任されず、成功したとしても大きな成果を出しにくくなっていきます。

このようにして、コネクションがある人にどんどん相談や依頼が集中していき、その人はもっとコネクションができるようになり、大きな仕事で成果が出せる。

反対に、コネクションがない人にはますます相談や依頼がこなくなり、その人はもっとコネクションができなくなり、大きな仕事もまわってこなくなるというマタイ効果が起きるのです。

「おコネ持ちスパイラル」を起こす

コネ持ち父さんもコネなし父さんも最初はコネクションがありません。

コネなし父さんは、コネクションの「数」を重視します。たくさんの人とつながること自体を目的にし、積極的に異業種交流会に出ては四方八方に名刺を配り歩きます。お互いによくわかり合っていない段階でもソーシャルメディアでどんどんつながります。

やがて名刺コレクションは山のように堆積し、数千人を超えるツイッターのフォロワーやフェイスブックの友達ができます。しかし、個々のつながりはいつ切れるとも限らないもろい状態で、ネットワークに奥行きがありません。

たとえか弱くてもせっかくできたつながりを活かせればよいのですが、コネなし父さんにはその気もありません。子どもの頃カードコレクションを友だちに自慢していたように、名刺コレクションの多さや著名人や役職者のレアカード（珍しいカード）を誇示することに使ってしまいます。そんな調子なので、つながっている人に協力をお願いしても、そもそも思うように動いてもらえません。

こうして、コネなし父さんはつながりの数を増やすことに時間・お金・労力を無駄遣いしてしまうのです。

一方**コネ持ち父さんは、コネクションの「質」を重視**します。つながる目的を明確にし、ターゲットをしぼってコネクションをつくります。名刺の枚数やツイッターのフォロワー数やフェイスブックの友達の数は特に気にすることがありません。

セミナーやパーティーなどの「アウェイ」で出会って波長が合った人とは「ホーム」で親睦を深める機会をつくるので、一人の先に多くの人がつながっている**奥行きがあるネットワークを構築**します。

そして、強固なコネクションができたら、人のために役立てます。才人の合コンやイベントを企画しては、共通の目的で盛り上がりそうな人同士を受粉させます。

そして、大切な人にコネクションを提供していると、やがて思わぬところでその相手からコネクションのリターンをもらうようになります。

このようにしてコネコネ交換を繰り返すうちに、マタイ効果を得てコネ持ち父さんはどんどん**「おコネ持ちスパイラル」**を起こすのです。

◯おコネ持ちスパイラル

①コネクションをつくる
⇦②コネクションを太くする
⇦③コネクションを人の役に立てる
⇦④コネクションのリターンを得る
⇦⑤マタイ効果を得る
⇦⑥再び「②コネクションを太くする」へ（おコネ持ちスパイラルが発生）

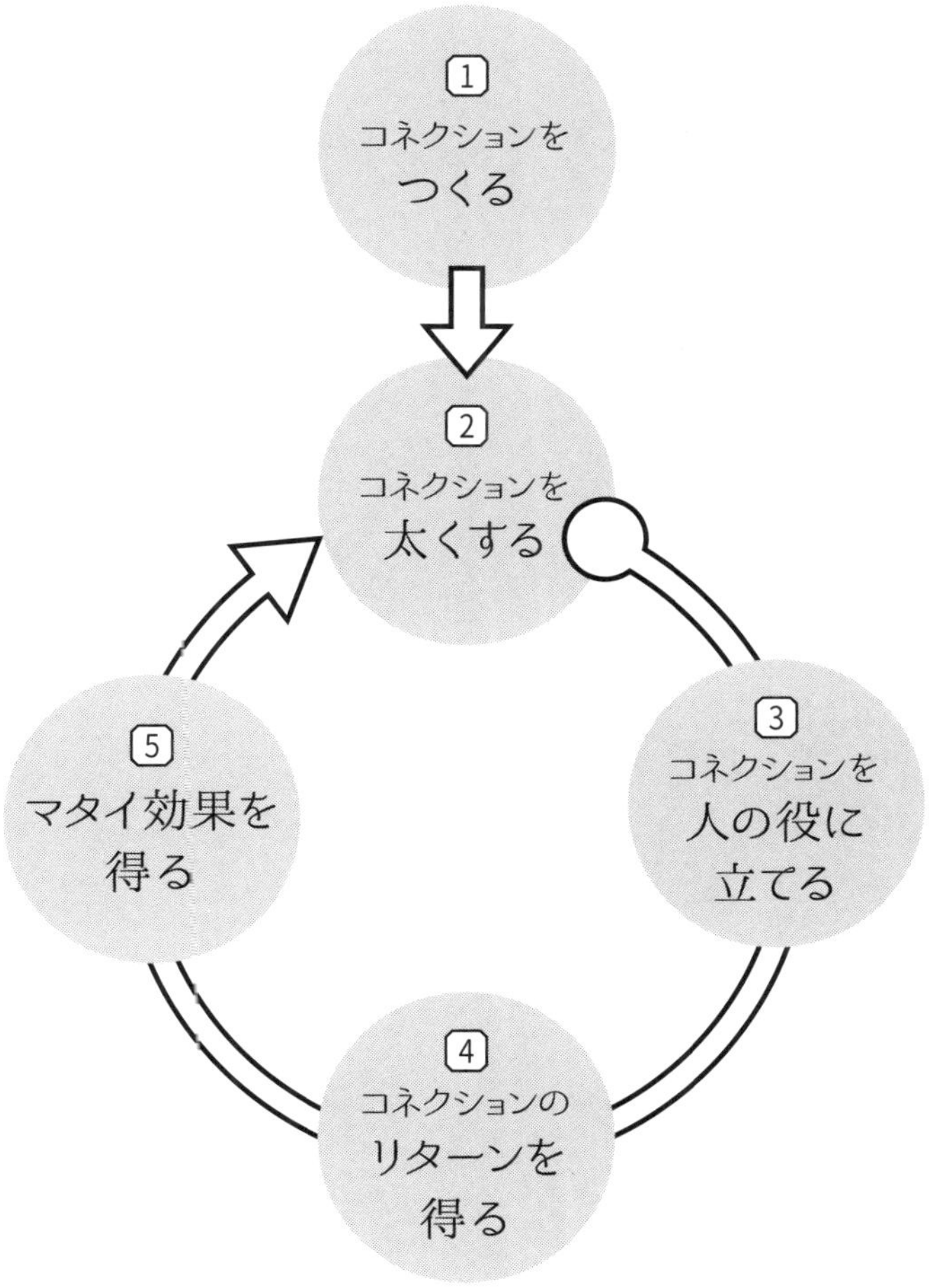

おコネ持ちスパイラルが起こればコネクションは自然に増える

目指すは「人のデパート」

コネ持ち父さんは、まるで**「人のデパート」**のような存在です。

おコネ持ちスパイラルに乗って豊富なコネクションができると、やがてコネ持ち父さんのように人のデパート的存在になることができます。

「デパート」はご存知の通り、食品、紳士服、婦人服、子供服、おもちゃ、ギフトなどさまざまな品物を取りそろえ、お客様のさまざまなニーズに応えてくれます。

「人のデパート」は言わばその「人版」であり、「品ぞろえ」ならぬ「人ぞろえ」がよければ、コネクションを通じてさまざまなニーズに応えることができるのです。

たとえば、あなたのネットワークの中に敏腕弁護士とのコネクションがあれば、仕事の契約書をうまくまとめられずに困っている人を助けることができるでしょう。

あるいは、いろいろなお店に顔が利く食通のコネクションがあれば、大切な接待のためにお店の予約をとりたいがツテがないと困っている人を助けることができるでしょう。

はたまた、けん玉名人のコネクションがあれば、イベントのゲストに心当たりがなくて困っている人を助けることができるでしょう。

これらはほんの一例ですが、**人から相談や依頼があったとき、自分一人の能力では解決することができなくても、能力がある人の力を借りればいろいろな場面で課題の解決に貢献することができる**のです。

ビジネスの基本は、「人助け」です。

ビジネスとは人が困っていることや求めていることに対して、それらを解決する価値を提供することで対価を得る行為だと私は思っています。

しかし、人が一人で解決できることには限界があります。

それに対して、「あなたのためだったら喜んで一肌脱ぎます」と言ってくれる人たちとのコネクションがあれば、自分一人ではできない「規模」や「幅」に対応して、さまざま

な課題解決に貢献することができるようになります。

そして、コネクションに奥行きが出てネットワークに広がりがでるにつれ、どんどん多種多様な課題を解決することができるようになっていきます。

そうなると、品ぞろえがいいデパートにはおのずと人が集まるように、噂が噂を呼び、**自分からあくせく売り込まなくても人ぞろえがいい「人のデパート」に人が集まる**ようになるのです。

成果は後からついてくる

コネクションができて、人に貢献できる規模が大きくなり、幅が広くなったからといって仕事で成果が出せるようになるのかと思われる方がいらっしゃるかもしれません。

しかし、**コネ持ち父さんは焦って成果や利益を追求することなく、目の前の大切な人に対して貢献することに専念**します。

「貢献と成果の関係」に関連して、以前私は東洋経済オンラインの連載で「日本旅行の平田進也さん」という一人で年間約八億円を稼ぐ超カリスマ添乗員の方に取材させていただきました。

その記事はヤフーのトップニュースにも取り上げられたので、すでに読んでいただいた方もいらっしゃるかもしれませんが、その内容の一部をリライトして紹介します。

旅行代理店の添乗員である平田さんは、あるとき「人前でしゃべるのが大好き」という自分の特技を活かしたオリジナルの旅行を企画しようと一念発起します。

行き帰りのバスでも、宴会場でも、ツアー参加者に終始楽しんでもらえるお笑い旅行を発案したのです。

最初は「面白い旅行があるから来てください」と直接お客様に営業すると、そのお客様から「ホンマに面白いんか？　面白なかったらおカネ返してもらうで」と言われながら、それでもなんとか旅行に参加してもらいました。

約束した以上、本当に面白くしなければならない。平田さんは一心不乱に旅行を盛り上げる努力をしました。行き帰りのバスではずーっとしゃべって、まるで『綾小路きみまろ』状態。宴会場ではお客様に思いっきり笑ってもらおうと、捨て身になって女装でパフォーマンスに打って出ます。

するとツアーに参加したお客様からある一言が返ってきます。「あんた、そこまでやるか？」。その成功体験が平田さんのオリジナル・ブランド「平田進也と行くツアー！」を生むきっかけになったのです。

ごく小規模に始まった平田さんのブランド。それが、いかにして八億円ブランドへと歩みを進めていったのでしょうか。

平田さんは「**重要なのは、ギブ&ギブ、それも無欲のギブ**です。お客様を喜ばせたいと無心になったとき、利益利潤は降ってくるものです」とおっしゃっています。

たとえば、観光ピークは夏場と言われている隠岐の島での冬旅です。平田さんは冬の日本海では身の引き締まったプリプリのカニやアワビを食べることができることに目を付け、とっておきのご馳走を楽しんでいただける冬の隠岐レストランツアーを企画したのです。

旅先ではいつも、頭と体をフル稼働させる。隠岐に行けばカニの被り物をつけてカニ踊りをする。顔まで赤く塗るのも忘れない。『冬のソナタ』が流行ればヨン様に扮し、『アナと雪の女王』が社会現象になればエルサの女装で踊る。

平田さんのツアーは決して安いとは言えませんが、中身のサービスを考えると〝お値打ち感〟がある。ほかには真似することができない旅企画が評判を呼び、口コミが拡散した結果、平田さんが企画するツアーにお客様が殺到するようになっていったのです。

この平田さんのエピソードからは約八億という業界ダントツの個人売り上げは、無欲の

ギブがあったからこそだと学ぶことができます。

平田さんのように**無心になって人に喜んでもらうこと、人に貢献すること****をしていれば、必ず後から成果はついてくる**ものなのです。

コネクションが生む「もう一つの作用」

コネクションができれば、「成果」につながるだけではありません。

コネクションができれば、自分の「成長」にもつながるのです。

コネ持ち父さんは方々にコネクションをつくろうとするのではなく、厳選して魅力的な人たちとコネクションを築くと紹介してきました。

そして、魅力的な人に囲まれると、ある変化が起きはじめます。

そう、周囲に刺激されて自分の意識と能力がつり上げられていくのです。

昔からよく「人間は環境の動物である」と言われますが、人は周囲の環境に大きく影響されながら成長していきます。

つまり、**自分が尊敬できる一流の人たちとのコネクションをつくることは、自分自身で「一流の人たちに囲まれる環境」をつくる**ことにほかならないのです。

当然その逆のことも言えます。

コネなし父さんは自分に甘い人を身近に置き、互いに「傷を舐め合う環境」をつくってしまいます。

しかし、何をやっても肯定したり賞賛したりしてくれる人に甘やかされると、やがて自分を凋落させてしまうことにもなりかねません。

「甘言耳に快く、諫言耳に痛し」ということわざがあります。文字通り、自分にとって甘い言葉は受け入れやすいが、諫《いさ》める言葉は受け入れがたいという意味です。**素直に聞き入れがたい指摘や忠告こそ、自分を成長させる**ものです。

私はコネ持ち父さんの教えを実践することで、各界の第一線で活躍するような方々との出会いにも恵まれました。

それと同時に、世間で一流と言われる人が並々ならぬ努力をしてきたことを知らされるたびに自分には圧倒的に努力が足りないという現実を突きつけられたものです。

ある人はステージに立って歌うために五歳の頃から毎日欠かさず三時間歌の練習をしてきたと言い、またある人は国際的な舞台に立って英語でプレゼンテーションをするために命をかけて練習をしたと教えてくれました。

「自分は凡人。そういう人とは違う」と線を引くのは簡単です。しかし、その瞬間目標達成を放棄したのも同然です。

私はただボーッと口を開けて「わ～、すごいですね～」と感心しているだけではあまりにもったいなく、**自分が尊敬できる人から受けた刺激を燃料にして自分の心に注ぐことができれば、とてつもない自己成長の原動力になる**と考えるようになりました。

学生時代までさかのぼると、私は執筆者になるか、大学で教鞭を執りたいと思っていました。しかし、自分にはそんな才能がないと思い込み、別の選択肢を選びました。

ところが、コネクションが充実しはじめ、並々ならぬ努力で理想の未来をつかんできた

人たちの生の声を聞かされる機会が増えるにつれ、「自分はまだ圧倒的に努力が足りていない」と思うようになりました。

周囲から大きな刺激をもらい、ある日思い立って行動を起こし、自分なりにモーレツに努力した結果、やっと現業の傍ら本や連載を書くこと、大学で教鞭を執ることという若い頃の念願をかなえることができました。

もし私が才能のある方々に囲まれていなかったら、自分に甘えてきっとやりたいことをやらないままにしていたと思います。

「朱に交われば赤くなる」ということわざがあるように、人は関わる人や環境によってよくもわるくもなるものです。

そして、**自分の心がけ次第で関わる人や環境は変えることができる**のです。

背伸びしても少し手が届かないくらい自分より能力の高い人たちとコネクションをつくり、周囲から刺激を浴びながら自らの目標に向けて挑戦すれば、きっと人として大きく成長することができるはずです。

コネクションを「アップデート」し続ける

コネクションに「完成」はありません。

コネ持ち父さんはコネクションをアップデートし続けます。

コネクションをアップデートし続けることで、**常に自分を新しい環境にさらし、自分をアップデートし続けます。**


今でも忘れません。

私が三〇代半ばに差し掛かった頃、随分会社の仕事にも馴れ、日常業務をどんどん上手にこなせるようになり、仕事の評判はうなぎ上りでした。

しかし、自分の中でどことなく「このままでいいのだろうか」という違和感を抱え続けていました。

そして、あるとき自分の仕事のスタイルや一緒に仕事をするメンバーが固定化していることに気づいたのです。

二〇代から仕事をはじめて、多くの方々と仕事で関わってきました。そして、いつしか社内外を問わず、「ベストチーム」だと思うメンバーとめぐり合うことができたのです。仲間に恵まれたことは幸せだったと思います。しかし、「コンフォート・ゾーン（快適な場所）」から抜け出そうとせず、自分の成長が止まってしまっていることに気づいたのです。

それ以降、既存のコネクションを大切にしながらも、常に新しいコネクションを開拓しようと心がけるようになりました。

以前テレビで経済番組を観ていたとき、二〇〇年近く続いた老舗企業の社長がこのようにおっしゃっていました。

「**進化しなければ絶滅します。**いかにすばらしい製品やサービスでも時代が変われば陳腐化するのです」

私はこの言葉を聞いた瞬間、ランニングマシンを使って、回転するベルトの上を走っている人のイメージが浮かびました。

たとえるなら、ベルトの回転は「時代の流れ」です。ベルトが回転した状態で走るのをやめてしまうと、人は後方へと流し出されてしまいます。

常に時代は変化しています。

「個人」という製品もアップデートをやめた瞬間、時代に置き去りにされてしまいます。

仕事で成果を出し続けるためには常に時代の変化に適応し、仲間とともに進化し続けることが不可欠なのです。

「固有名詞」で仕事をする

コネ持ち父さんは自分をアップデートすることは、**1／nの分母であるnの値を大きくしていく**ことだと考えています。

たとえば、n＝1だと1／1で「一人に一人の存在」ということになります。言い換えれば、これは他の誰とでも代替可能であるということです。

n＝10だと1／10で「一〇人に一人の存在」であり、n＝100だと1／100で「一〇〇人に一人の存在」であるということになり、それだけ代わりになる人を探すのが難しく、付加価値が高い人材であることを意味します。

もっと簡単に言えば、企画ができる人は一〇人に一人かもしれませんが、英語で企画ができる人は一〇〇人に一人になるかもしれず、それだけ貴重な人材であるということです。

これが「千人に一人の存在」「一万人に一人の存在」になるにつれて、代わりをできる人がいなくなります。

コネ持ち父さんが目指しているのは、「組織名」や「名刺の肩書」ではなく、**「固有名詞」で仕事ができる人材になり、自分の価値を上書きしていく**ことです。

終身雇用がある程度保証されていた時代は、会社に「評価」されることが大切でした。

しかし、終身雇用がぐらつき、あるいは崩壊している時代、そして、定年退職後も年金だけでは食べていけない時代、「評価」を気にするよりも「脱皮」を繰り返し、本質的な実力を身に付けていることが、将来きっとあなたの身を助けてくれるでしょう。

近年ではこうした社会背景を踏まえて、「二枚目の名刺を持とう」「パラレルキャリアを実践しよう」という声が出てきはじめ、副業を容認、許可、肯定、奨励する組織も増えているように感じます。

もし「組織」や「肩書き」という服がなくなって裸になることがあっても、**「あなた」という存在価値を確固たるものにし、指名で仕事を依頼されるようになっていれば、決して職を失うことはない**はずです。

「おもしろい人リスト」に載る

個人のキャラクターが立ちはじめると、それまで苦労して人とつながっていたのが嘘のように、自分からお願いしなくても周りから積極的に魅力的な人を紹介されるようになります。

おもしろいことに取り組んでいると、自分のことをよく知っている人が「今度あなたに合いそうな人を紹介するよ」と言って仲介人になり、おもしろい人を紹介してくれるようになります。その反対に、あなた以外のおもしろい人に対しても同じように仲介人になり、おもしろいあなたのことを紹介してくれるようにもなります。

コネ持ち父さんは自分から積極的に働きかけることでできるつながりを「アクティブ・コネクション」と呼び、周囲がつくってくれるつながりを「パッシブ・コネクション」と呼んでいます。

パッシブ・コネクションを獲得するときに鍵になるのは、あなたが**「おもしろい人」として人から想起されるようになる**ことです。

製品やサービスなどのブランドの浸透度を調査する際に「純粋想起」「助成想起」という言葉を使うことがあります。一言で表現すれば、「純粋想起」とはヒントを与えずに思い出したことを答えてもらう方法で、「助成想起」とはヒントを与えて思い出したことを答えてもらう方法です。

たとえば、「乗り物と言えば、何を思い出しますか？」と聞けば、「自動車」や「飛行機」という回答が出てくるでしょう。このように、何のヒントも与えずに回答者が思い出したことを答えてもらうのが純粋想起です。

一方、「乗り物と言われて、思い出すものを次の中から選んでください。自転車、自動車、船、飛行機…」のように、一定のヒントを与えた上で思い出したものを回答してもらうのが助成想起です。

このように考えると、「おもしろい人」というのは**イベントを開催しようとしたときに「幹事から想起される」人**だとコネ持ち父さんは考えます。

コネ持ち父さんが幹事として会を企画する際は、毎回開催趣旨に沿って、まず「パッと頭の中に純粋想起される人」から順に声がけし、その後「ソーシャルメディアでつながっている方」や「名刺を眺めて助成想起される人」に声がけしていきます。

経営チーム強化コンサルタントであり、ヘッドハンターである岡島悦子さんは、ご自身の著書『抜擢される人の人脈力 早回しで成長する人のセオリー』（東洋経済新報社）の中で「自分にタグをつける」ことが大切だとおっしゃっています。つまり、**「○○と言えば●●さんだね！」と思い出してもらえる自分のテーマを持つ**ことが大切だということです。

また、大学を卒業して出版社に勤め、その後私と同じ会社に転職してきた後輩もこんな話を聞かせてくれました。

出版社時代はよく著者や有識者の会を開きました。でも、忙しい人たちの集まりは急遽欠員が出ることがあります。そんなとき、個性的な人たちの中に入っても埋もれないキャラクターでありながら誰とでもうまくやれる人が幹事にとって重宝します。欠席者が出たときのために、私はそういうおもしろい人を頭の中に常時二、三人はストックするようにしていました。

このように、しっかり自分の売りをつくり、周りの人たちの頭の中にある「おもしろい人リスト」に載ることができれば、さらにおもしろい人に出会うチャンスを増やすことができるのです。

ビジネスは「人・人・人」

いよいよこの本も終わりに近づいてきました。

ここで、ビジネスにおいて、あるいは人生においてコネクションをつくることでどのような喜びが得られるのかについて整理しておきたいと思います。

コネ持ち父さんは、コネクションを築くことで、「人が仕事をする上での三大欲求」を満たすことができると考えています。

その三大欲求とは、**「貢献欲」「達成欲」「成長欲」**を指します。

みなさんは、親戚・家族、友人、恋人、恩師など自分の大切な人にプレゼントを贈ることがあるでしょう。

そのとき、みなさんはきっと相手に何か見返りを期待しているわけではなく、純粋に自分が大切だと思っている人に喜んでもらいたいと考えていますよね。

人は多かれ少なかれ、**「誰かの役に立つことができれば、自分も幸せを感じることができるDNA」**を持っているのです。コネ持ち父さんはこのことを「利《り》他《た》即《そく》利《り》己（利他に取り組むことが、すなわち利己に取り組むことになる）」と呼んでいます。

私は本書の途中で「ビジネスの基本は人助けです」と書きましたが、働くことの原点は人の役に立つことです。

そして、コネクションを持っていれば、その**コネクションを通じて人に対して貢献することができるようになる**のです。

次に、人に対する貢献を続け、コネコネ交換を繰り返していると、次第にコネクションが増えていきます。

人は誰しもこの世に生を受けたからにはただ息をして過ごすだけではなく、多かれ少なかれ、何かを成し遂げたいという思いを持っているのではないでしょうか。

しかし、人が一人でできることには限界があります。そこで人間は太古の昔から自分以外の誰かと力を合わせて一人ではできないことを成し遂げてきました。

昔話の「桃太郎」では、主人公の桃太郎が鬼を退治するために犬・猿・キジを仲間にします。昔話として語り継がれてきた人間の内面の普遍性は現代も変わらず、子どもたちの間で人気のゲームでもたった一人で敵に立ち向かう勇者はいません。

たとえば、「ドラゴンクエスト」という社会現象になったゲームでも、戦士、賢者、魔法使い、道具使いなど、それぞれに強みが異なるメンバーを旅の途中で仲間にしながら自分よりも強い敵に立ち向かっていきます。

大人になって組織に入っても同じです。

「会社」という言葉も「社《やしろ》で会う」と書くように、志を同じくする仲間が集まって一人ではできないことをする場という意味を表しています。

このように、人生とは「仲間とともに志を成し遂げる旅」だと言っても過言ではなく、**豊かなコネクションがあれば、それだけ大きな目的を達成することができる**のです。

最後に、コネクションとはつきあう人そのものであり、自分自身をとりまく環境です。

自分から積極的に魅力的な人とのコネクションをつくれば、それだけ自分にとって刺激的な成長環境が形成されていきます。

そこから先のことは、直近の項目で書かせていただいた通り、自分が尊敬する人たちによって自身の能力がつり上げられ、人として成長していくことになるのです。

コネクションがあると、人に貢献することができるようになる。人に貢献していると、コネクションが増える。コネクションが増えると、一人ではできないことを達成することができるようになる。そして、人の力を借りてもっと大きな貢献ができるようになると、もっと豊かなコネクションができるようになる。その結果、魅力的なコネクションに恵まれると、自分を成長させることができるようになる。このように、「貢献」と「達成」と「成長」は連動し循環しているのです。

「貢献欲」を満たしてくれるのも、人。
「達成欲」を満たしてくれるのも、人。
「成長欲」を満たしてくれるのも、人。

このように考えると、**ビジネスは「人・物《モノ》・金《カネ》」ではなく、「人・人・人」**であり、「コネクションこそが最強の武器だ！」と言えるでしょう。


いやいや、でも、ちょっと待った！

物で釣れば人は動くのではないか？

お金を積めば人は動くのではないか？


そのように考える方がいらっしゃるかもしれません。

しかし、物やお金だけで人に動いてもらえたとしても、それは見せかけではなく、相手が本心からあなたのことを思って精一杯力を貸してくれていると言い切れるでしょうか。

コネ持ち父さんは常々このように考えています。


物や金だけで人を動かそうとすれば、〝手抜き〟が返ってくる。

信頼で人に動いてもらおうと思えば、〝おまけ〟が返ってくる。

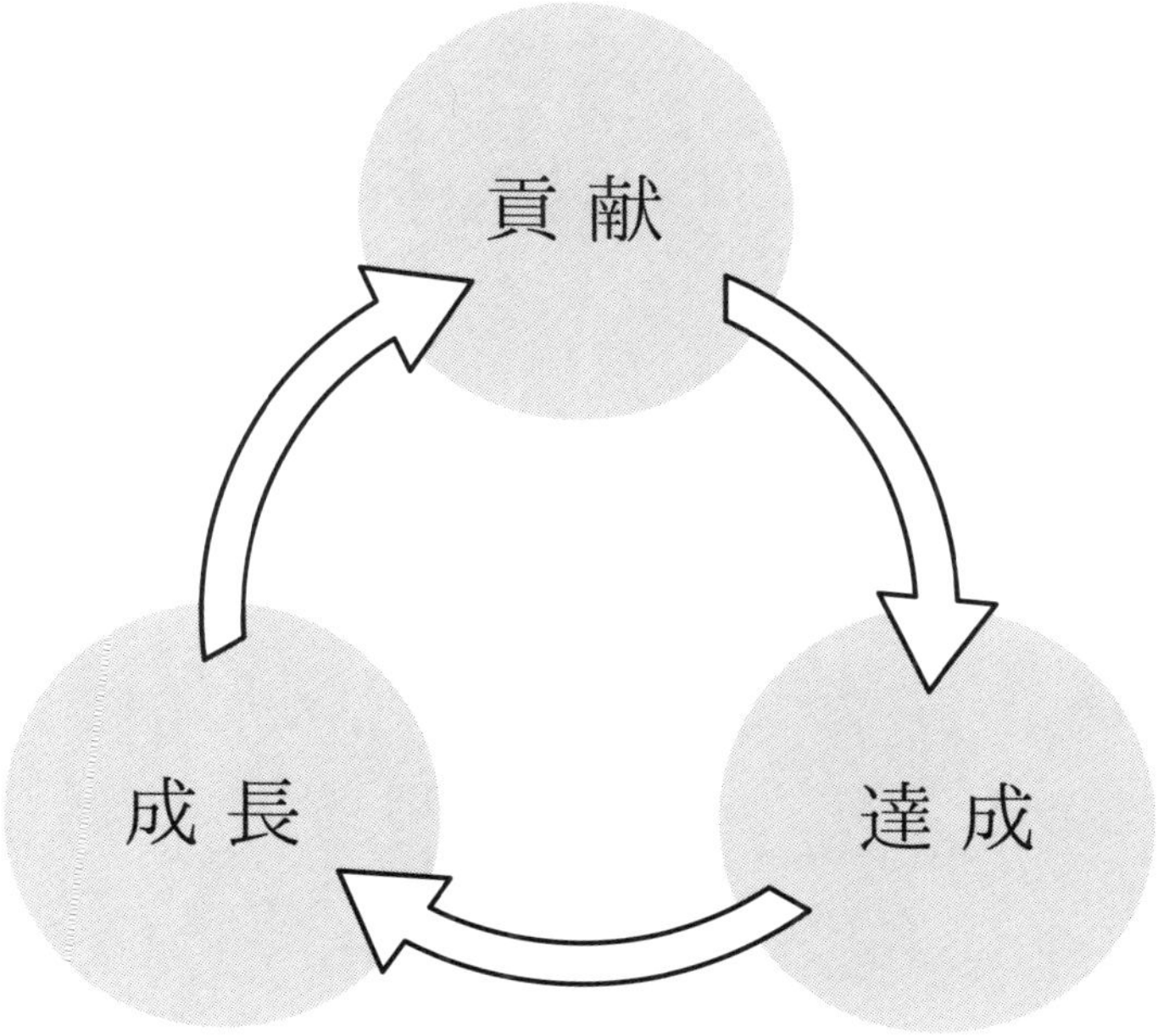

◯ コネクションによって回転する幸せのスパイラル

コネ持ち父さんも決して物やお金の大切さを否定しているわけではありません。

どちらも生きていく上で非常に大切な要素です。

しかし、人がいれば物やお金を生み出すことはできますが、物やお金があっても人の心を生み出すことはできません。

人の価値は「プライスレス（お金では買えない）」です。

人を大切にすることは、自分の人生を大切にすることそのものなのです。

スパイラルを止める二つのこと

誰だって幸せはいつまでも続いてほしいと思うものです。

しかし、おコネ持ちスパイラルは、無条件に延々と回り続けるわけではありません。

最後に一つだけ、みなさんに忘れないでいただきたいことがあります。

それは、禁じ手を使ってしまった瞬間、スパイラルは急停止し、場合によっては逆回転しはじめてしまうということです。

コネ持ち父さんがタブーだと規定しているのは、次の二つの行為です。

タブー① **自分がテイクするためにコネクションを使うこと**
タブー② **信頼関係ができていない人にコネクションをギブすること**

○タブー① 自分がテイクするためにコネクションを使うこと

あなたが次のような依頼や相談を受けたら、どう思うでしょうか。

「本を出して有名になりたいので、出版社の人を紹介してほしい」

「一儲けしたいので、一枚噛んでもらえないだろうか」

相手が大親友であるとか、過去に自分のピンチを救ってくれた恩人であるとかいう場合は少々事情が異なるかもしれません。あるいは、一度だけは辛抱してつきあおうと思われるかもしれません。

しかし、その人の私利私欲のためだけに協力してほしいと言われたら、少し距離を置きたいと思わないでしょうか。そうした相談や依頼が連続すれば、やがて関係を断つことも視野に入ってくるのではないでしょうか。

では、次のような依頼や相談なら、いかがでしょう。

「これまで学んできたことを次世代に伝えるために本を出したいので、出版社の人を紹介してもらえないだろうか」

「日本の教育改革に取り組みたいので、一枚噛んでもらえないだろうか」

それなら、喜んで一肌脱ぎたいと思いませんか？

たいていの人は**「利己的な目的でテイクすること」ではなく、「利他的な目的でギブすること」に力を貸したい**と思うものです。

コネクションを使いたいと思うときは、しっかりとその目的について考えることが重要なのです。

○タブー② 信頼関係ができていない人にコネクションをギブすること

もう一つやってはいけないのが、**無責任な仲介者**になってしまうことです。

タブー①とも関係するのですが、まだ信頼関係ができていない人に自分のコネクションをギブすると、その先でどのように扱われるかがわからず、場合によっては「利己目的」に利用されてしまうことがあります。

そうなると、あなたのコネクションになっていた人は、あなたの知り合いというだけの

人の利己的な活動に協力させられ、あなたに対する信頼まで失ってしまうでしょう。

最悪の場合、それまで大切な資産を投資して築き上げてきた人間関係が一瞬にして崩れ去ってしまうことになりかねないのです。

このように、**おコネ持ちスパイラルを「グッド（good）」の方向に回す原動力が「利他」であるのに対し、「バッド（bad）」の方向に回すのが「利己」である**ことをコネ持ち父さんは深く心に刻んでいるのです。

愛だろっ、愛。

いかがでしたでしょうか。

コネ持ち父さんは、たくさんのことを教えてくれました。

そして、著者である私が今思うことを書かせていただいて筆を置きたいと思います。

ご存知の方もいらっしゃると思いますが、一九九〇年代半ば、お酒のテレビＣＭが話題になりました。

そのコピーは、**「愛だろっ、愛。」**

仕事で成果を出すためにいちばん大切なものは何か？

自分の人生を豊かにするものは何か？

今の私がそう聞かれたら、きっとこのコピーの通り答えるでしょう。

この本を通じて一貫してお伝えしてきた、おコネ持ちスパイラルを起こすものは利他の精神であり、人への貢献行動です。

しかし、さらにその根っこを掘り起こせば、人に対する「愛」にたどり着くのです。

自然に人に貢献できるようになるためには、まず相手を好きになることです。

もちろん、最初から一〇〇%好きになれる人に出会うことなんてそうそうあることではありません。

しかし、苦手な部分を見つけて、最初から自分には合わないと遠ざけるほどもったいないことはありません。

一方で、一〇〇%受けつけないという人に出会うことも稀です。

「苦手だなあ」と思う人でも、必ずいいところがないか探してみるのです。いいところを見つけてその人を好きになる努力をするのです。

すると不思議なことに、相手がよほど心を閉ざしていない限り、自分が相手に対して好意を抱いていることが感じ取られ、たとえ時間がかかっても、相手も同じように好意を抱いてくれるようになるものです。

逆に、自分がいつまでも相手のことを苦手だと思っていると、それが伝わってしまいます。

人間の気持ちは、まるで相手と自分の心の水位を保つように、同じ感情が同じ水準に保たれるものなのです。

ですから、まずは人から自分のことをどう思われるかの前に、自分から人に対して無欲の愛を注ぐことです。そして、根気よく貢献を続ければ、人から慕われ、愛されるようになり、いつしかおコネ持ちになることができるでしょう。

仕事で成果を収め、人から慕われ、愛される人生を送るためにたった一つ必要なことは、**決して他人を利用することではなく、自分から人に対して無償の愛を注ぐ**ことなのです。

もう一つのエンディング

もう一度「蜘蛛の糸」のあのシーンを思い浮かべてください。

主人公のカンダタは極楽へとつながる蜘蛛の糸をつたって昇る途中、数限りない人たちが自分の後から続いてくるのに気づき、「下りろ、下りろ」とわめきました。

釈迦の期待に応えることなく、カンダタは自分一人だけ助かろうとしたので、蜘蛛の糸が切れてしまったのです。

しかし、もしカンダタが人のことを助けようとしたら、きっともう一つのエンディングを迎えることができたでしょう。確かなことは原作者の芥川龍之介に聞かなければわかりません。ですが、カンダタに人助けの心があれば、最後まで糸が切れることはなく、極楽までたどり着くことができたのではないでしょうか。

冒頭で私はコネクションを蜘蛛の糸にたとえました。

コネクションも蜘蛛の糸と同じで、自分だけが利益を得るために独り占めしようとすると、つながっている人たちはみんな愛想を尽かしてしまい、コネクションはぷっつりと切れてしまいます。

しかしコネクションが切れないようにすれば、世の中に対して貢献すること、自分一人ではできない大きな仕事を成し遂げること、そして、自分自身を成長させることができるようになり、まさに極楽にたどり着くことができるのです。

コネなし父さんは、自分のものにしようとしてコネクションを切られてしまい、極楽にたどり着くことができません。

コネ持ち父さんは、人助けをしながらコネクションをつたい、極楽にたどり着くことで得られる喜びを仲間たちと分かち合います。

縁あってこの本を手に取っていただいたみなさんがおコネ持ちになり、さらに仕事で成果を出せるようになり、大切な仲間と一緒に幸せな人生を手にしてくださることを願ってやみません。

おわりに

最後までこの本を読んでくださって本当にありがとうございました。

心よりお礼申し上げます。

また、この場をお借りして、この本に関わってくださった方々にお礼を申し上げたいと思います。

私にとって一冊目の本となった言葉集『勤力を鍛えるトレーニング』（ディスカヴァー・トゥエンティワン）の編集を担当してくださり、今回も編集を担当してくださった同社の干場弓子社長、編集部の千葉正幸さん、大竹朝子さん、素晴らしい装丁とデザインをしてくださったTOKYOLANDの中村勝紀さん、かわいらしいイラストを描いてくださった有田カホさん、印刷に関わっていただいた浜野広一さんをはじめ、この本に携わっていただいたすべての方々、多くのことを教えてくださった会社や大学のみなさん、そして、ときにわがままで至らぬ私をずっと陰で支えてくれた家族にありったけの感謝の気持ちを伝えたいと思います。

本当にありがとうございました！

私は子どもの頃から何をするにも覚えが悪く、人一倍時間と労力がかかるタイプでした。そして、これと言って突出した能力があるわけでもなく、常に自分の強みを探す旅をしてきたように思います。

しかし、模索したり悩んだりしているうちに、自分に取り柄がないなら、才能のある人たちが集まる「人のデパート」になろう！　自分がハブになることで、世の中の多種多様なニーズに応えることができるようになれば、自分の存在価値を発揮することができるのではないかと考えるようになりました。

それを実行に移すようになってからも、うまくいかないことや勘違いしてしまうことばかりで、赤っ恥体験と反省の繰り返しでした。

しかし、牛歩でも、いやそれどころか、一ミリずつカタツムリ並みの歩みでも、二〇年近くしぶとく同じテーマを追い続ける過程で、多くの方々からたくさんのことを教わってきたように思います。

そして、四〇歳を過ぎ、今度は自分が多くの方々から教わってきたことを世の中にお返しするときがきたと思い、少しでも人のお役に立ちたいという思いで現業の傍ら一冊の本をまとめさせていただきました。

お恥ずかしながら、きれいごとばかりではなく、できるだけ生々しく苦い体験も赤裸々に書かせていただいたつもりです。

使えること、使えないこと、読者のみなさんによって異なるところはあると思いますが、少しでも人に慕われ、愛される人生を歩む際の一助にしていただくことができれば、著者冥利に尽きます。

どうか、みなさんがおコネ持ちになり、人から愛される人生を送れますように！

二〇一六年春　横浜の自宅にて

川下和彦

コネ持ち父さん コネなし父さん

仕事で成果を出す人間関係の築き方

発行日 2016年 2月 10日 第1刷
2016年 3月 11日 第2刷

Author 川下和彦

Illustrator 有田カホ
Book Designer 中村勝紀(TOKYO LAND)

Publication 株式会社ディスカヴァー・トゥエンティワン
〒102-0093 東京都千代田区平河町2-16-1 平河町森タワー11F
TEL 03-3237-8321(代表)
FAX 03-3237-8323
http://www.d21.co.jp

Publisher 干場弓子
Editor 千葉正幸 大竹朝子

Marketing Group
Staff 小田孝文 中澤泰宏 片平美恵子 吉澤道子 井筒浩 小関勝則 千葉潤子 飯田智樹 佐藤昌幸 谷口奈緒美 山中麻吏 西川なつか 古矢薫 米山健一 原大士 郭迪 松原史与志 蛯原昇 安永智洋 鍋田匠伴 榊原僚 佐竹祐哉 廣内悠理 安達情未 伊東佑真 梅本翔太 奥田千晶 田中姫菜 橋本莉奈 川島理 倉田華 牧野類 渡辺基志
Assistant Staff 俵敬子 町田加奈子 丸山香織 小林里美 井澤徳子 藤井多穂子 藤井かおり 葛目美枝子 竹内恵子 清水有基栄 小松里絵 川井栄子 伊藤香 阿部薫 常徳すみ イエン・サムハマ 南かれん 鈴木洋子 松下史

Operation Group
Staff 松尾幸政 田中亜紀 中村郁子 福永友紀 山﨑あゆみ 杉田彰子

Productive Group
Staff 藤田浩芳 原典宏 林秀樹 三谷祐一 石橋和佳 大山聡子 堀部直人 井上慎平 林拓馬 塔下太朗 松石悠 木下智尋 伍佳妮

Proofreader 文字工房燦光
Printing 中央精版印刷株式会社

ISBN978-4-7993-1835-5